船舶结构设计方法

王庆丰 张 婧 丁仕风 编著

上海交通大学出版社
SHANGHAI JIAO TONG UNIVERSITY PRESS

内容提要

本书是一本全面系统地介绍船舶结构设计方法的专业教材。书中不仅阐明了从事船舶结构设计的方法——规范设计法、直接设计法及可靠性设计法,而且比较详细地介绍了结构有限元分析的基础知识和通用有限元软件在船体结构设计中的应用。

全书共分 7 章,内容包括结构设计的一般规定及基础知识、船体结构规范设计法、船体结构有限元分析基础、船体结构直接设计法、船体结构的可靠性设计方法、通用有限元软件及其在船体结构设计中的应用。通过本书的学习,可以掌握船舶结构设计的基本方法,具备从事本领域设计工作和研究工作的能力。

本书为普通高等院校船舶与海洋工程专业学生的专业课程用书,也可供从事船舶结构设计的工程师和科研技术人员参考。

图书在版编目(CIP)数据

船舶结构设计方法/王庆丰,张婧,丁仕风编著.—上海:上海交通大学出版社,2019
ISBN 978 - 7 - 313 - 21634 - 2

Ⅰ.①船… Ⅱ.①王…②张…③丁… Ⅲ.①船体结构-结构设计-高等学校-教材 Ⅳ.①U663

中国版本图书馆 CIP 数据核字(2019)第 153425 号

船舶结构设计方法

编　　著:王庆丰　张　婧　丁仕风
出版发行:上海交通大学出版社　　　　　　地　　址:上海市番禺路 951 号
邮政编码:200030　　　　　　　　　　　　电　　话:021 - 64071208
印　　制:常熟市大宏印刷有限公司　　　　经　　销:全国新华书店
开　　本:710mm×1000mm　1/16　　　　印　　张:10.5
字　　数:194 千字
版　　次:2019 年 8 月第 1 版　　　　　　印　　次:2019 年 8 月第 1 次印刷
书　　号:**ISBN 978 - 7 - 313 - 21634 - 2/U**
定　　价:48.00 元

作者简介

王庆丰,男,1976 年生,上海交通大学船舶海洋与建筑工程学院硕士,现任江苏科技大学副教授,硕士生导师。主要从事船舶与海洋结构物的结构设计与建造工艺力学研究。曾编写《船体制图》教材。

张婧,女,1983 年生,哈尔滨工程大学航天与建筑工程学院博士,现任江苏科技大学副教授,硕士生导师。主要从事船舶与海洋工程结构强度与安全研究。已出版专著《舰船舷侧结构损伤与防护》。

丁仕风,男,1981 年生,上海交通大学船舶海洋与建筑工程学院博士,现任江苏科技大学讲师。主要从事船舶与海洋结构物设计建造与结构力学研究。

前　言

　　《船舶结构设计方法》是一本全面系统地介绍船舶结构设计方法的专业教材，根据普通高等学校船舶与海洋工程专业本科生的教学要求编写。可作为普通高等院校船舶与海洋工程专业学生的专业课程用书。

　　本教材从最初的自编讲义到最终成书，经历了十几年的教学实践，凝聚了江苏科技大学多位教师的心血。"船舶结构设计方法"课程的主要任务是通过各教学环节，培养学生掌握船舶结构设计的基本方法，使学生具备从事本领域设计工作和研究工作的能力。

　　本书内容广泛，有很强的实践性。系统地从结构设计方法的角度出发，归纳总结了3种设计方法：规范设计法、直接设计法和与可靠性设计方法。本书采用了大量原始工程应用案例，如第3、5、7章例题，以保证船型与时俱进，内容符合工程实际，使学生能从船舶结构强度安全角度出发，提出船舶结构设计的解决方案，具备开展船舶结构设计的能力。本书共分7章，内容包括结构设计的一般规定及基础知识、船体结构规范设计法、船体结构有限元分析基础、船体结构直接设计方法、船体结构的可靠性设计方法、通用有限元软件及其在船体结构设计中的应用。

　　本书第1～3章、第5章由王庆丰副教授编写，第4章、第6章由张婧副教授编写，第7章由丁仕风讲师编写，全书由王庆丰副教授统稿。

　　教材建设是一项长期的工作，由于编者学识水平有限和教学经验不足，书中存在的不当之处，希望广大读者、各兄弟院校师生和同行专家提出宝贵意见，以期在今后的教学实践中使本教材不断改进和完善。

编者
2019 年 5 月

目　录

第1章

绪　论

1.1　船舶结构设计的基本任务和内容

　　船舶是一个由许多子系统组成的复杂工程结构物。船体结构是其中的一个子系统,它提供了一个使其他子系统可以结合为一个整体的实际空间,并确保完成船舶的指定功用。

　　(1) 船舶结构设计前提:船舶的主尺度、船体型线、总体布置、船体说明书等已确定。

　　(2) 船舶结构设计基本内容:选择合适的结构材料和结构类型;决定全部构件的尺寸和连接方式;绘制相关的结构图纸。

　　(3) 船舶结构设计的 3 个阶段:初步设计、详细设计、生产设计。初步设计阶段对整个结构的设计原则做出分析,对主要构件的布置与尺寸做出理论的估算;详细设计阶段全面解决结构设计中的技术问题,最终确定所有构件的布置、尺寸及连接方式,提交需送审的结构图纸及技术文件;生产设计阶段主要是绘制各部分的结构、构件连接的施工详图。船舶结构设计贯穿于 3 个阶段中。

1.2　船舶结构设计应考虑的几个方面

　　同样的船舶结构设计前提会有多种不同的结构设计结果。为得到一个优秀的结构设计,通常应从如下几个方面考虑。

　　1) 安全性

　　结构设计应保证船舶在各种外力作用下,具有一定的强度以及必要的稳定性与刚度,不致因构件强度不足或失稳而引起结构的损坏,也不能使变形超过允许范围。同时应使船体结构具有良好的防振性能,使其在各种激振力作用下,不会产生不利的振动。

2）适用性

结构的布置与构件尺度的选用应符合营运的要求，例如，货舱结构的布置应便于装卸货物，居住工作舱室应保证具有适当的高度与通道。

3）整体性

船舶是一个复杂的水上工程建筑物，各种机器、设备、仪表、家具以及各种系统和结构的布置与所选择的构件尺度有着密切的联系，因此结构设计必须与船舶性能、轮机、设备、电气及通风等设计密切配合，相互协调，分清主次，确保船舶在各个方面都具有良好的工作性能。

4）耐久性

所谓耐久性是结构维持其原来结构效率水平的能力，即在正常的维修保养条件下，结构能够使用到预定年限。船体结构的耐久性主要取决于材料，但维修保养得当也很重要。因此在设计时一方面要正确地估计结构的腐蚀磨耗，另一方面要规定防止耗损的各种措施，例如，保证船体的通风，提供便于检查和油漆的工作条件（特别是空间），尽量能消除船体内部使锈蚀发展的条件（如避免结构有使水积聚的部分和设法排除船体内的积水）等。

5）工艺性

结构形式与连接形式的选择应便于施工，以提高劳动生产率。在选用结构材料品种时，应适当减少规格，尽量规格化、标准化，以便于船厂采购和备料。此外，应根据船厂的设备情况和生产组织管理等特点，合理制订船体建造的原则方案，采用先进的工艺措施，降低船舶的建造成本。

6）经济性

在考虑了必要的结构强度、构件的腐蚀余量和使用、维修等方面因素后，应力求减少结构的重量，材料选用恰当，使船舶具有更好的经济性能。

1.3 结构设计方法

船舶具有造价高、使用期长、环境载荷恶劣等特点。在其使用期内会遇到多种常规载荷和事故载荷，如果船舶结构不能承受这些载荷，则其结构可能会产生破坏，甚至会导致整个船体结构失去工作能力，并造成很大的经济损失，引起社会效益的下降。目前，船舶结构设计的主要方法有两大类，即确定性设计法和结构可靠性设计法。

1.3.1　确定性设计法

确定性设计法基本上又可分为两种,即规范设计法和直接设计法。

1) 规范设计法

根据船舶主尺度和结构形式及各种营运、施工要求,按船级社制订的船舶建造规范的有关规定,决定构件的布置与尺度,再进行总强度与局部强度、结构稳定性等校核。若有不足之处,则修改原设计方案或按要求局部加强,重复校核,直至满足。但是规范中的简化公式未能充分考虑结构的详细应力分布、边界条件或结构布置,而为了获得较合理的构件尺寸,在规范中也规定了直接设计法,特别是超出规范适用范围的大型船舶和特殊船舶。这种按照结构力学的方法根据某部分结构的各类构件的受载情况(载荷也可以用概率法确定)、边界条件及构件的特性,建立其一定的力学计算模型,在规定了构件的许用应力和稳定性标准的前提下,按规范要求校核构件。

2) 直接设计法

由于船型及构件布置的不同,规范不可能罗列全部特征。所以要求基于结构力学的知识,按各种构件和受力情况,直接进行强度分析以求得构件尺寸。该方法具有较高的力学合理性,而且可以预先选择目标函数,进行优化设计,最有可能实现的是减轻重量。然而,这种方法按现有条件难以顾及施工的工艺性,特别是使用上的要求,诸如舱容、腐蚀、维修和航运的要求等,这些都是设计变量的非线性函数,无法用显式来表达,优化的结果往往会陷入局部最优点的搜索,其结果不一定适用,因此近年来国内外在结构优化中开始采用基于知识(knowledge-based)的计算机辅助设计(CAD)法,即基于众多专家的设计经验、规范、标准等的计算机辅助设计。

1.3.2　结构可靠性设计法

在船体结构强度的确定性设计法中,有关参量都取为定值。所采用的安全系数表现为强度的储备,使人们对结构产生某种安全裕度的印象,甚至使人们产生一种错觉,认为结构是绝对安全而不会被破坏的。这种方法沿用已久,用它来检验结构构件的强度及构件尺寸的设计。然而,船体结构无论是哪种船型,采用哪种结构形式,都是空间的板梁组合结构。这样,结构中某个构件失效后,内力重新分配,整个结构还能继续工作,要延续到有相当数量的构件失效后,整个结构才失效,结构具有较富裕的安全性储备。这就促使人们研究船体某些构件产生破坏的可能性(尽管这种机会极少)及其对结构体系损坏的影响。从而形成了采用概率法对结构进行可靠性分析的方法。

结构可靠性是指结构在规定的时间内与条件下完成预定功能的概率,即达到结构的功能极限状态就可以认为结构失效。目前完全基于概率论的结构可靠性全概率的精确分析方法尚存在以下难点:如何有效地寻找主要失效途径;对于大型结构系统,如何有效地计算其系统失效概率。针对上述问题,各国学者提出了各种近似方法。在实际分析中应用最多的就是既易计算又能保证一定精度的一阶二次矩法的近似方法。寻找主要失效途径的有 F.摩西(F. Moses)的载荷增量法、室津义定的分枝界限法等。估算系统失效概率的主要有史蒂文森－摩西(Stevensen-Moses)法、蒙特－卡罗(Monte-Carlo)法等。

此外,一个结构系统某些独立构件的失效并不一定产生有害影响,而一个静定结构的失效可能会产生致命的后果。这就导致了风险评估技术的出现,它是综合安全评估(formal safety assessment,FSA)的重要步骤。

风险评估是结构系统可靠性方法与结构损伤冗余设计的一个合理延伸和综合。近年来,结构系统风险评估与决策建议在船舶与海洋工程领域中的应用正逐步引起人们的重视并得以推广。世界上主要船级社已制订了风险评估方法与准则的规范性文件。

习 题

(1) 船舶结构设计基本内容包括哪些?

(2) 主要从哪些方面来评价结构设计的优劣?

(3) 请阐述规范设计法和直接设计法的优缺点。

(4) 何为结构可靠性?

参考文献

[1] 王杰德,杨永谦. 船体强度与结构设计[M]. 北京:国防工业出版社,1995.

[2] 中国船舶工业集团公司. 船舶设计实用手册:结构分册[M]. 3版. 北京:国防工业出版社,2013.

第 2 章

结构设计的一般规定及基础知识
▼

2.1 船舶形式的分类

2.1.1 按航行区域分类

航区不同,对船体结构的要求也不相同,一般可分为如下 3 种。

1) 无限航区的海洋船舶

这类船舶可航行于世界上任一航区。由于航程长、海况复杂,因此对结构强度等方面的要求较高。

2) 有限定航区的沿海船舶

这类船舶仅航行于某些限制的特定海域,对结构强度等要求可较上一种偏低。中国船级社(CCS)将有限航区划分为 3 类(见表 2.1)。

表 2.1 中国船级社划分的有限航区

类 别	航 行 限 制	
	距岸距离/n mile	
1 类航区	200(夏季/热带)	100(冬季)
2 类航区	20(夏季/热带)	10(冬季)
3 类航区	季遮蔽水域	

季节区按照 1996 年国际载重线公约附则 Ⅱ 的规定划分。

遮蔽水域包括海岸与岛屿、岛屿与岛屿围成的遮蔽条件较好、波浪较小的海域,且该海域内岛屿与岛屿之间、岛屿与海岸之间横跨距离不超过 10 n mile,或条件类似的水域。

3）特殊航区的船舶

这类船舶主要限于在江、河、湖泊、水库等特殊水域中航行。

船舶又可以根据航区或水域的冰情，细分为有冰区加强者和无冰区加强者，前者可航行于冰区，后者只能在解冻期内航行。

上述类型的船舶的船体结构尺寸将取决于各航区的波浪、腐蚀及维修等情况，各国船级社均制订了相应的规范或规定。

2.1.2　按船舶用途分类

除特种用途的船舶，例如破冰船、起重船、挖泥船、拖船、调查测量船、实习船、车客渡船等以外，船舶一般按用途分为客船和货船，货船又按运输货物的品种，分为装干货和装液货两大类；前者又可分为装散货与装包装货两种，如运煤船、运粮食船、运矿砂船等的散装货船及集装箱船，后者又可根据不同的液货品种分成装水、装油及装气等数种，如运水船、油船、化学品船、液化气体船等数十种。载运货物不同，对船舶结构强度、结构形式、构件的腐蚀余量及船用钢材等方面有不同的要求。

2.1.3　按船体的材料分类

按建造船舶的船体材料，主要分为金属材料船舶和非金属材料船舶两大类。

1）金属材料的船舶

目前世界上多数船舶采用金属材料制造，而且使用最普遍的是低碳钢。随着冶金工业的不断发展与船型的开发，船舶建造采用的高强度钢日益增多。高强度钢用于主船体某些受力较大的部位，化学品船的货舱还需采用耐腐蚀的不锈钢材料。

2）非金属材料的船舶

（1）木船：木质船舶种类繁多，能用于内河、江河与沿海航运的船舶。其结构用木料建造，也有采用钢骨木壳建造的。

（2）水泥船：有钢丝网水泥船与钢筋水泥船等。前者可用于建造内河拖轮、驳船等；后者适用于建造趸船、浮船坞等。

（3）玻璃钢船：目前限于制造救生艇、游览艇和赛艇等。

2.1.4　按船体结构形式分类

1）横结构式

此种结构形式的构件沿船长方向布置得密，而沿船宽方向布置得稀，通常中小型船舶的结构和船体首尾部采用这种结构形式者居多。

2）纵结构式

此种结构形式的构件沿船长方向布置得稀，而沿船宽方向布置得密，一般大型船舶货舱部分（如甲板、舷侧与底部结构）采用这种结构形式。

3）混合骨架式

船体构件的布置既有横结构，也有纵结构。较典型的是底部和强力甲板采用纵骨架，而舷侧采用横骨架，散装货船、集装箱船和车客渡船多采用这种形式。

2.2　确定构件尺度的主要要素

2.2.1　船舶主尺度与船型系数

1）船舶主尺度

船长 L（m）：沿设计夏季载重线，由首柱前缘量至舵柱后缘的长度；对无舵柱的船舶，由首柱前缘量至舵杆中心线的长度；但均不得小于设计夏季载重线总长的 96%，且不必大于 97%。对于具有非常规船首和船尾的船舶，其船长 L 需特别考虑。对于箱形船体，L 为沿夏季载重线自船首端壁前缘量至船尾端壁后缘的长度。对于无舵杆的船舶（如设有全回转推进器的船舶），L 为夏季载重水线总长的 97%。

船宽 B（m）：在船舶的最宽处，由一舷的肋骨外缘量至另一舷的肋骨外缘之间的水平距离。

型深 D（m）：在船长中点处，沿船舷由平板龙骨上缘量至上层连续甲板横梁上缘的垂直距离；对甲板舷边为圆弧形的船舶，则是由平板龙骨上缘量至横梁上缘延伸线与肋骨外缘延伸线的交点的距离。

吃水 d（m）：在船长中点处，由平板龙骨上缘量至夏季载重线的垂直距离。

骨材的标准间距 s_b（m）：肋骨、横梁或纵骨（船底、舷侧、甲板）的标准间距，$s_b = 0.001\,6L + 0.5$，且不大于 0.7 m；在首尾尖舱内，肋骨或舷侧纵骨的标准间距以及在船端 0.05L 区域内，上层建筑及甲板室的甲板纵骨或横梁的标准间距 s_b 应在计算所得值和 0.6 m 中取较小者。

2）船型系数

船体结构设计中最重要的船型系数是方形系数，方形系数 C_b 由下式确定：

$$C_b = \frac{\nabla}{LBd} \tag{2.1}$$

式中，∇ ——夏季载重线吃水时的型排水体积，m^3。

2.2.2 构件的类型

船体结构构件可分为纵向（沿船长方向）和横向（沿船宽方向）两大类。根据受力的情况，为了便于分析，将纵向构件分为如下 4 种：

（1）第 1 类纵向构件。只承受总纵弯曲，如不装货的上甲板，该类构件所承受的总纵弯曲应力为 σ_1。

（2）第 2 类纵向构件。同时承受总纵弯曲应力 σ_1 和板架弯曲应力 σ_2，如底部结构的纵向桁材所承受的应力为 $\sigma_1 + \sigma_2$。

（3）第 3 类纵向构件。同时承受总纵弯曲应力 σ_1、板架弯曲应力 σ_2 与纵骨本身的局部弯曲应力 σ_3，如船底纵骨所承受的应力为 $\sigma_1 + \sigma_2 + \sigma_3$。

（4）第 4 类纵向构件。同时承受总纵弯曲应力 σ_1、板架弯曲应力 σ_2、纵骨局部弯曲应力 σ_3 和板本身的局部弯曲应力 σ_4，如纵骨架式的板所承受的应力为 $\sigma_1 + \sigma_2 + \sigma_3 + \sigma_4$，而横骨架式的板因这类构件的 $\sigma_3 = 0$，所以它所承受的应力仅为 $\sigma_1 + \sigma_2 + \sigma_4$。

根据构件功能不同，也可将船体结构构件分为如下三大类：

（1）主要构件。船体的主要支撑构件称为主要构件，如强肋骨、舷侧纵桁、强横梁、甲板纵桁、实肋板、船底桁材、舱壁桁材等。

（2）次要构件。一般是指板的扶强构件，如肋骨、纵骨、横梁、舱壁扶强材、组合肋板的骨材等。

（3）板。直接承受垂直于板面的横向载荷，如外板、深舱舱壁板等。板上的载荷传递到次要构件上，再由次要构件传递到主要构件上。

2.2.3 载荷与强度标准

1）载荷的性质与类型

船舶承受的载荷有整体性的，亦有局部性的。整体性的载荷由船体整个结构承受，如设计不良，将导致严重事故；局部性的载荷则由局部构件承受，局部构件设计不好也会产生损伤，在一定程度上会影响使用，如局部构件损伤所产生的裂缝蔓延，也会造成严重的事故。

表 2.2 为船舶在建造与营运过程中所受主要外载荷的类型。船舶承受的外载荷既有动力的也有静力的。特别是船舶营运过程中受力异常复杂而且具有随机性，为了便于分析与计算，做了某些假定。例如，构件受多种载荷时，可按每种载荷计算结果叠加；随机载荷分布函数可采用韦布尔分布（Weibull）、瑞利分布

(Rayleigh)等。

表 2.2　主要载荷的类型

船体承受载荷	载荷的类型	说　　明
建造过程	(1) 加工与焊接的剩余应力。 (2) 变形校正应力。 (3) 吊运力。 (4) 坞墩或龙骨墩搁置力。 (5) 下水时所承受的力	在建造过程中,适当控制与注意,使结构不致受力过大而导致损坏或过大的变形。一般在结构设计时,重点从焊缝布置与连接形式等方面来考虑,以防止焊缝过于密集而引起过大的剩余应力。对变形校正应力与吊运力则较少考虑,而对某些特殊外力,如下水力与坞墩力,做局部加强措施
营运过程	静力 (1) 船舶本身重力和装载重力。 (2) 静水加波面水压力。 (3) 冰块挤压力。 (4) 码头作业引起的不平衡力	在设计中,将其视为主要外力来考虑
	动力 (1) 波浪冲击力。 (2) 船舶运动的惯性力。 (3) 振动惯性力。 (4) 武器发射时的气流与惯性力,振动力等。 (5) 炮弹、鱼雷、水雷及原子弹等爆炸力	(1)~(3)种是主要动力,在设计时应予考虑采取预防措施;(4)和(5)两种对于舰艇应予以考虑,民用船舶则应适当考虑,做些必要的加强措施
意外事故	(1) 触礁或搁浅。 (2) 破舱后局部构件所承受的破舱水压力	第(1)种外力,对内河浅水船应予适当考虑。第(2)种在设计舱壁、内底与平台时应予考虑

2) 强度标准

为了设计构件的尺度或校核结构的强度,根据海况资料、船舶营运的经验、实船或模型的试验结果,加以理论上的分析与研究,制订出一套载荷、结构响应计算方法以及与许用应力相对应的强度标准,作为判别结构强度的依据。

在按规范设计时,各构件尺度可按相应规范的计算方法确定,因为船级社制订的规范已综合考虑了载荷与强度标准要求。

2.2.4　船中剖面模数

船中剖面模数表征船体总的纵强度。

船中最小剖面模数 W_{min} 的要求值取决于船体所承受的最大总纵弯矩 M 与总

纵弯曲许用应力$[\sigma_1]$,即

$$W_{\min} = \frac{M}{[\sigma_1]} \tag{2.2}$$

式中,M——由船舶的静水弯矩(M_S)与波浪弯矩(M_W)两部分组成。

2.2.5　局部强度

(1) 板架强度:板架是由两向正交梁系、板和支持周界组成的结构,共同承受外载荷。板架的强度取决于板架尺度,两向梁的数量、布置与刚性比、外载荷以及板架的支持情况。

(2) 普通骨材强度:普通骨材(肋骨、纵骨、横梁、扶强材等)局部弯曲强度取决于外载荷、骨材的跨距与两端的支持情况。

分析表明,对于承受横向载荷不大的纵骨,如上甲板纵骨,稳定性是决定构件尺度的主要因素;而对于承受较大横向载荷的纵骨,如船底纵骨,强度条件是决定尺度的主要因素。

(3) 板的局部强度:船体的板格一般视作支持在刚性周界上,承受横向载荷或轴向力的刚性板。在计算板的强度时,将板视作刚性固定于其周界上,而在校验板的稳定性时,则认为板自由支持于其周界上。

2.2.6　构件的带板

在计算船体构件的剖面模数和惯性矩时,应计入一部分与构件相连的板(如甲板板、外板、内底板、舱壁板等),即带板。

1) 主要构件

主要构件带板的有效剖面积 A 应按下列各式确定,但取值不小于面板剖面积。

(1) 对安装在平板上的,有

$$A = 10fbt_p \ (\text{cm}^2) \tag{2.3}$$

(2) 对安装在槽形板上且与槽向平行的,有

$$A = 10at \ (\text{cm}^2) \tag{2.4}$$

(3) 对安装在槽形板上且与槽向垂直的,有

$$A = 10b_f t_f \ (\text{cm}^2) \tag{2.5}$$

式中, f——系数, $f=0.3(l/b)^{2/3}$ 但不大于 1;

　　　b——主要构件所支承的面积的平均宽度, m;

　　　l——主要构件的长度, m;

　　　t_p——带板的平均厚度, mm;

　　　b_f——主要构件面板宽度, m;

　　　t_f——主要构件面板厚度, mm;

　　　a——槽形板平面部分的宽度, m;

　　　t——槽形板厚度, mm。

2) 次要构件

次要构件的带板宽度取为 1 个骨材间距。

2.2.7　不同钢种的应用

选用船体构件材料主要考虑的是经济性,在保证船体强度和使用要求下尽量减少船体结构重量,以提高船舶的载重量。

选用的船体构件材料在很大程度上取决于船舶的大小。就民用运输船舶而言,小型船舶采用高强度钢好处不大,800 箱以上的集装箱船及船长大于 150 m 的船舶才考虑采用高强度钢。一般船用高强度钢的屈服极限约为 $315 \sim 390$ N/mm²。由于高强度钢的弹性模数并未提高,而且其抗腐蚀性与低碳钢基本相同,因此即使高强度钢的屈服极限有相当大的提高,构件尺寸的减小也会使疲劳强度相应地下降。

一般高强度钢多用于主船体的强力构件上,对大型船舶(载重量 10 万吨以上的散货船与油船、1 000 箱以上的集装箱船),为了减少船体结构重量,除了货舱部分的纵向构件采用高强度钢外,某些横向构件(如横舱壁结构、强横梁、肋板等)也采用。

2.2.8　材料换算系数

船体构件在采用规范设计法设计时,所规定的构件尺度是以低碳钢为基础的,因而采用高强度钢时,必须注意高强度钢的材料换算系数。对于屈服强度在 $235 \sim 460$ N/mm² 范围的高强度钢,材料换算系数 K 值如表 2.3 所示。

表 2.3　材料换算系数 K

屈服强度 σ_{eH}/(N/mm²)	K
235	1.0

(续表)

屈服强度 $\sigma_{eH}/(\mathrm{N/mm^2})$	K
315	0.78
355	0.72
390	0.68
460	0.62[①]

① 仅适用于集装箱船的上甲板、舱口围板及其顶板且厚度 t 在 50～100 mm 范围的钢板。

2.3 船体总纵强度

2.3.1 基本理论与假定

船舶在营运过程中要承受各种外力,诸如重力、浮力、摇摆时的惯性力、水阻力及波浪的冲击力等。在分析船体总纵强度时,通常将船体视作一变剖面的空心梁,只考虑沿其船长方向,承受不均匀分布的重力与浮力而使船体产生总纵弯曲。

作用在船体总纵弯矩与剪力分为静水弯矩与剪力和波浪附加弯矩与剪力两部分,并且假设这两部分是可以线性叠加的。因此求解船体总纵弯曲的问题就分解成求解静水弯矩、剪力和波浪弯矩、剪力两个问题。静水弯矩、剪力的求解可见参考文献[1]第 1 章 1.3 节。目前多采用计算机程序进行这方面的工作。

2.3.2 波浪弯矩与剪力的计算

海洋上的波浪是瞬息万变、极不规则的。船与波浪之间的相对位置时时刻刻都在变化,因此船舶运动和波浪载荷是随机变化的。经研究,波浪载荷主要随波长、波高、船型尺度、船与波浪的相对位置而变化。在考虑船体结构总纵强度的问题中,计算波浪弯矩与剪力有两大类方法:国际船级社协会(International Association of Classification Society,IACS)统一的计算式和船体波浪载荷的响应预报。

下面对针对波浪弯矩与剪力的 IACS 统一的计算式做具体介绍。

通常,用标准波浪代替实际的波浪,把船体静置在标准波浪上以计算船体受到的载荷。研究发现,波高越高,浮力变化越大,波浪弯矩也随之增加。对于船长150 m 以下的船舶,波长取为船长,波高采用 1/20 波长来计算波浪弯矩已足够。而对船长超过 150 m 的大型船舶,波长仍取为船长时,其波浪遭遇率是不相同的。

例如,船长为 60 m 的船舶遭遇 60 m 波长的机会远较船长为 300 m 的船舶遭遇 300 m 波长的机会多。所以对大船仍将波高定为 1/20 波长是过高的。目前各国船级社对波高已加以修正,采用船长的函数表达式。各国船级社均已采用 IACS 统一的波浪弯矩与剪力计算公式。

1) 波浪弯矩

船体梁各横剖面的中垂波浪弯矩 $M_W(-)$ 为

$$M_W(-) = -K_1 M C L^2 B (C_b + 0.7) \times 10^{-3} \ (\text{kN} \cdot \text{m}) \tag{2.6}$$

船体梁各横剖面的中拱波浪弯矩 $M_W(+)$ 为

$$M_W(+) = +K_2 M C L^2 B C_b \times 10^{-3} \ (\text{kN} \cdot \text{m}) \tag{2.7}$$

式中,$K_1 = 110$;

$K_2 = 190$;

M——系数,波浪弯矩分布系数,如图 2.1 所示;

C——系数,可从表 2.4 查得;

C_b——方形系数,但计算取值不应小于 0.60。

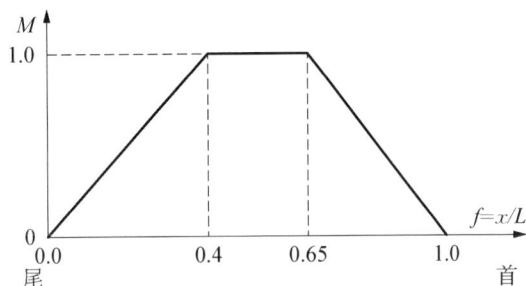

图 2.1　波浪弯矩分布系数

表 2.4　C 值

船长 L/m	C	船长 L/m	C
$L < 90$	$0.041\,2L + 4$	$300 < L < 350$	10.75
$90 \leqslant L \leqslant 300$	$10.75 - \left(\dfrac{300 - L}{100}\right)^{3/2}$	$350 \leqslant L \leqslant 500$	$10.75 - \left(\dfrac{L - 350}{150}\right)^{3/2}$

2) 波浪剪力

船体梁各横剖面的中拱波浪剪力 $F_W(+)$ 为

$$F_W(+) = +30 F_1 C L B (C_b + 0.7) \times 10^{-2} \ (\text{kN}) \tag{2.8}$$

船体梁各横剖面的中垂波浪剪力 $F_W(-)$ 为

$$F_W(-) = -30 F_2 C L B (C_b + 0.7) \times 10^{-2} \ (\text{kN}) \tag{2.9}$$

式中,F_1,F_2——剪力分布系数,如图 2.2(a)和(b)所示;

C——系数,如表 2.4 所示。

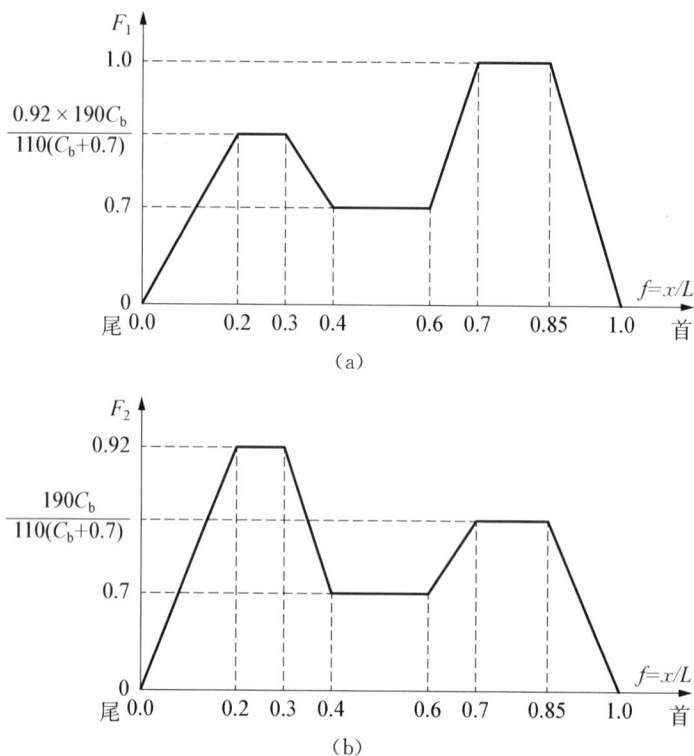

图 2.2 剪力分布系数

(a) F_1　(b) F_2

2.3.3　总纵强度校核

　　船体结构的受载颇为复杂,某些构件同时产生几种应力。例如,外板除了承受总纵弯曲应力外,作为船体板架一部分,在承受水压作用后产生局部弯曲应力,以及作为骨材的有效带板时,与骨材共同变形而产生局部弯曲应力。所以在校核构件强度时,应考虑构件本身在承受最不利的载荷组合情况时,分析构件的应力合成,按某些规定的强度标准判别其是否符合要求。通常所说的“总纵强度校核”是对船体的总纵弯曲强度和船体剖面的剪切强度的校核,以及要由总纵弯曲应力和剪切应力引起的屈曲强度校核($L \geqslant 90$ m 的船舶)。

　　1) 总纵弯曲强度

　　(1) 在甲板处和龙骨处的船中最小剖面模数 W_0 应不小于按下式计算所得的值:

$$W_0 = CL^2B(C_b + 0.7)K \quad (\text{cm}^3) \tag{2.10}$$

式中，C——系数，如表 2.4 所示；

　　K——材料换算系数，如表 2.3 所示。

（2）船中剖面对水平中和轴的惯性矩 I 应不小于按下式计算所得的值：

$$I = 3W_0L/K \quad (\text{cm}^4) \tag{2.11}$$

式中，W_0——式（2.10）算得的船中最小剖面模数，cm^3；

　　K——材料换算系数，如表 2.3 所示。

（3）船体梁许用中拱和中垂静水弯矩 $\overline{M_S}$ 应不大于按下式计算所得的值：

$$\overline{M_S}(+)_{\max} = \overline{M} - M_W(+) \quad (\text{kN} \cdot \text{m}) \tag{2.12}$$

$$\overline{M_S}(-)_{\min} = -\overline{M} - M_W(-) \quad (\text{kN} \cdot \text{m}) \tag{2.13}$$

式中，W_W——波浪弯矩，见 2.2.3 节；

　　$\overline{M}$——许用合成弯矩，$\text{kN} \cdot \text{m}$，按下列两式计算，取较小者：

$$\overline{M} = F_dW_d[\sigma] \times 10^{-3} \quad (\text{kN} \cdot \text{m}) \tag{2.14}$$

$$\overline{M} = F_bW_b[\sigma] \times 10^{-3} \quad (\text{kN} \cdot \text{m}) \tag{2.15}$$

式中，W_d——甲板处剖面模数，cm^3；

　　W_b——龙骨处剖面模数，cm^3；

　　$[\sigma]$——许用弯曲应力，N/mm^2；

　　船体梁的许用弯曲应力 $[\sigma]$ 按下述要求确定：

　　$[\sigma] = 175/K$，N/mm^2，船中 $0.4L$ 区域，

　　$[\sigma] = 125/K$，N/mm^2，船端 $0.1L$ 区域，

　　其余区域用线性内插法求得，其中 K 为材料换算系数；

　　F_d，F_b——折减系数。

　　局部构件尺寸的折减系数应符合下列规定：

　　a. 当甲板处和龙骨处的最大总纵弯曲应力小于许用弯曲应力 $[\sigma]$ 时，可取适宜的折减系数 F_d 和 F_b，以减小局部构件的尺寸，但应符合以下条件：

$$F_d \geqslant \frac{\sigma_d}{[\sigma]} \tag{2.16}$$

$$F_b \geqslant \frac{\sigma_b}{[\sigma]} \tag{2.17}$$

式中,σ_d——甲板处的总纵弯曲应力,N/mm²;

σ_b——龙骨处的总纵弯曲应力,N/mm²。

对于外板和甲板,折减系数 F_d 和 F_b 应不小于 0.7;对于骨材,折减系数 F_d 和 F_b 应不小于 0.8。

b. 对船长小于 65 m 的船舶,F_d 和 F_b 均取为 1。

(4) 总纵弯曲应力应按下式计算:

$$\sigma = \frac{|\overline{M_s} + M_w|}{W_C} \times 10^3 \ (\text{N/mm}^2) \tag{2.18}$$

式中,$\overline{M_s}$——许用静水弯矩,kN·m;

M_w——波浪弯矩,kN·m;

W_C——计算点处的船体梁剖面模数,cm³。

对具有甲板大开口的船舶、具有大的首外飘的船舶、装载特殊货物的船舶或非常规型的船舶,见有关规范要求。

2) 船体剖面的剪切强度

主要船级社在规范中均有剪切强度的要求,并给出了相应的计算公式。以下是中国船级社(CCS)相关要求。

(1) 在各种装载情况下,沿船体梁各横剖面处的设计静水切力应满足下述条件:

$$F_s(+) \leqslant \overline{F_s}(+) \tag{2.19}$$

$$|F_s(-)| \leqslant |\overline{F_s}(-)| \tag{2.20}$$

式中,F_s——计算工况下的设计静水切力,kN;

$\overline{F_s}$——许用静水切力,kN,按下列两式计算。

(2) 船体梁许用正、负静水切力 $\overline{F_s}$ 应不大于按下式计算所得的值:

$$\overline{F_s}(+)_{max} = [\tau] \frac{I\delta}{S} \times 10^{-2} - F_w(+) \ (\text{kN}) \tag{2.21}$$

$$\overline{F_s}(-)_{min} = -[\tau] \frac{I\delta}{S} \times 10^{-2} - F_w(-) \ (\text{kN}) \tag{2.22}$$

式中,F_w——波浪剪力,kN,按式(2.8)、式(2.9)计算;

I——计算横剖面对水平中和轴的惯性矩,cm⁴;

S——计算横剖面上,水平中和轴以上有效纵向构件对水平中和轴的静

矩,cm^3;

$[\tau]$——许用剪切应力,N/mm^2;

δ——取 δ_1 和 δ_2 的较小者,δ_1 和 δ_2 按下列各式计算:

$$\delta_1 = \frac{t_1}{f_1 + m_1} \tag{2.23}$$

$$\delta_2 = \frac{t_2}{f_2 + m_2} \tag{2.24}$$

t_1——计算剖面上水平中和轴处舷侧外板的厚度(双壳船为内外壳板厚度之和),mm;

t_2——计算剖面上水平中和轴处纵舱壁板的厚度,mm;

f_1,f_2,m_1,m_2——系数,f_1,m_1 和 m_2 如表 2.5 所示。

表 2.5　系数 f_1,m_1,m_2

序号	船体横剖面类型	系数 f_1	系数 m_1
1		$f_1 = 0.5$	$m_1 = 0$
2		$f_1 = 0.5$	$m_1 = 0$
3		$f_1 = 0.261 + 0.058 A_1/A_2$ $f_1 = 0.478 - 0.116 A_1/A_2$	$m_1 = 0.5 m_2$ $m_1 = 0.5(0.1 + \gamma)$
4		$f_1 = 0.154 + 0.008 A_1/A_2$ $f_1 = 0.346 - 0.08 A_1/A_2$	$m_1 = m_2$ $m_2 = (0.1 + \gamma)\dfrac{b}{B}$

说明:A_1、A_2——舷侧外板和纵舱壁板的受剪切面积,cm^2;计算时仅考虑横剖面一舷相应构件的面积,但中纵舱壁面积为实际的面积,不考虑其中线的对称性而进行折减;

b——纵舱壁板距舷侧的水平距离,m;

B——船宽,m;

γ——横向非均匀装载时,$\gamma = 0.15$;横向均匀装载时,$\gamma = 0$。

（3）剪切应力。

a. 舷侧外板上的剪切应力 τ 按下式计算：

$$\tau = \frac{|\overline{F_s} + F_w|S}{I\delta_1} \times 10^2 \, (\text{N/mm}^2)$$ (2.25)

b. 纵舱壁板上的剪切应力 τ 按下式计算：

$$\tau = \frac{|\overline{F_s} + F_w|S}{I\delta_2} \times 10^2 \, (\text{N/mm}^2)$$ (2.26)

式中，S——静矩，cm^3，如计算点在水平中和轴以上时，S 为通过计算点的水平线以上的所有纵向构件对水平中和轴的静矩，如计算点在水平中和轴以下时，则 S 为通过计算点的水平线以下的所有纵向构件对水平中和轴的静矩；

参数见本节相关公式。

3）屈曲强度

船长大于等于 90 m 的船舶，受船体梁弯曲和剪切应力的板格及纵向构件，还应按相关规定做屈曲强度校核（见参考文献[2]第 2 分册 2.2.7）。

2.4 结构布置的一般原则

在船舶结构设计过程中一个很重要的环节就是对船体的结构进行布置，结构布置得是否合理，将直接影响船体结构的强度、重量及工艺性等，必须高度重视。这里，仅从强度方面考虑结构布置应遵循的一些基本原则。

1）结构的整体性原则

在结构设计时，首先应遵循的基本原则：有关构件应布置在同一平面内，以组成封闭的整体框架结构共同承受载荷的作用。例如，甲板纵桁—横舱壁竖桁—内龙骨或底纵桁；甲板纵骨—横舱壁垂直扶强材—内底纵骨、船底纵骨；肋板—肋骨—横梁；舷侧纵桁—横舱壁水平桁—纵舱壁水平桁等。

2）受力的均匀性和有效传递原则

结构构件的布置要尽可能均匀，以避免构件规格太多或是造成材料的浪费。此外，结构应保证某一构件承受外力后，能有效地将力传递到邻近的结构构件上，以避免某一单独的结构构件承受外力。例如，支柱的上下端应固定在纵、横强骨架交叉的节点上，并且上下支柱应尽可能布置在同一垂直线上，使支柱所承受的力能有效地传递给甲板及船底结构；当甲板或船底为纵骨架式时，舷侧普通肋骨的端部应以肘板与邻近的甲板及船底纵骨相连；当舷侧采用普通肋骨与强肋骨的交替肋骨制造时,一般应设舷侧纵桁,使普通肋骨承受的载荷能通过舷侧纵桁传递给强肋骨。

3) 结构的连续性和减少应力集中原则

构件的布置应力求保证其连续性,尽可能避免构件突然中断。必须保证尽可能多的主要纵向构件连续贯通至首、尾,如有困难,纵向强骨架应中断在横舱壁或横向强骨架上,并在横舱壁的另一边,设置至少延伸两个肋距的肘板。在同一船体横剖面内,不允许有超过 1/3 的甲板纵骨或船底纵骨中断;也不允许有大于两根的甲板或船底纵向强骨架间断;纵向构件中断的剖面彼此至少相距两个肋距;并要特别注意在大开口处的船体剖面上和高度应力集中的区域,绝对不允许中断船体纵向构件。在首、尾由纵向骨架式向横骨架式应逐渐过渡。

为减少应力集中,所有船体构件的剖面形状应有平顺的过渡。例如,在甲板、平台、内底板、纵舱壁间断处,应装设肘板或其他结构使剖面逐渐消失;骨架梁腹板高度变化时,应有一过渡区,该区段的长度一般应不小于相邻腹板高度差的 5 倍。

4) 局部加强原则

在设计过程中,对那些在使用中要承受较大局部载荷的结构则进行适当的局部加强。例如,船首承受波浪砰击区域及尾部承受螺旋桨工作时水动压力处的结构及船上吊杆、桅杆、救生艇架、系缆桩、炮座等与船体相连接处的结构,以及航行冰区的船舶承受冰块挤压和撞击区域的结构,均应做适当的加强。各规范对此均有规定。

2.5　船中剖面设计

2.5.1　概念和基本要求

船中剖面是整个船体结构设计的象征。组成船中剖面的构件十分丰富,表示了各类构件形式及相互连接——甲板、舷侧、纵舱壁、外板和内底等结构。在各类构件布置确定后,大型船舶的构件尺度主要取决于强度和稳定性要求,小型船舶的构件尺度往往只取决于局部强度,但均需考虑一定的腐蚀余量要求。船中剖面的特征值(模数、惯性矩)是船体总纵强度和刚度的表征。船中剖面设计的基本要求如下:

(1) 能承受总纵弯矩和剪力的作用,满足船体梁的许用应力要求。

(2) 组成船中剖面的任何构件尺度应满足局部强度及其稳定性要求。

(3) 主要节点的设计要考虑疲劳强度的要求。

（4）考虑构件厚度应计及腐蚀余量。

2.5.2 腐蚀余量

构件尺寸计算均需考虑一定的腐蚀余量 t_k 值。有关这一要求各国船级社规范的表达形式有所不同，有的船级社 t_k 值是根据不同舱，由单面防护还是双面防护而定，一般为 $1\sim3\,mm$，如表 2.6 所示；有的船级社是根据板厚不同，给出不同的腐蚀余量，如表 2.7 所示。

对于压载舱或液货舱的周界，腐蚀余量应不小于 $2.5\,mm$；对于干燥处所（但不包括货船的装货处所）其腐蚀余量为表 2.6 的 $t_k/2$，但应不小于 $1.0\,mm$。

表 2.6　根据不同舱得到的腐蚀余量 t_k（mm）

舱　名	甲板下 1.5 m 区域	其余区域
舱	3.0	1.5
油舱	2.0	1.0
干货舱	1.0	1.0

表 2.7　根据不同板厚得到的腐蚀余量 t_k（mm）

厚度/mm	腐蚀余量
$\leqslant 10$	1.5
>10	$0.1+t+1.5$　最大 3.2

结构的疲劳分析通常应在扣除构件的腐蚀余量后进行。

2.5.3 船中剖面设计步骤及模数计算

1）船中剖面设计步骤

船中剖面设计的主要步骤如下。

（1）根据型线图确定船中剖面的外轮廓，特别要注意：甲板梁拱形式、舭部半径及强力甲板与舷顶列板的连接过渡形式。

（2）根据船舱布置，确定纵舱壁（或顶、底边舱）位置，当甲板、底部采用纵骨架式时纵舱壁位置应按照舱口尺寸及纵骨间距做局部调整。

（3）在总布置要求的基础上，确定下甲板或舷侧平台位置，可结合船体结构纵向构件布置的均匀性、构件尺度的合理性和工艺可行性等方面因素做适当调整。

（4）选取纵骨架式间距，在保证总纵强度的前提下，较小的骨架间距可减少船体重量，但也必须兼顾建造工艺与成本，全面权衡。

（5）确定主要构件（桁材、龙骨、支柱和强肋框等）的布置，应满足船级社规范要求。

（6）确定次要构件间距，应满足船级社的规范要求。

（7）确定总纵弯矩和剪力。

（8）初步确定构件尺寸并按规范选用合适的材料级别。

（9）根据初步确定的弯矩和剪力，核算船中剖面的船体梁总强度和构件局部强度。

（10）由上述计算结果调整构件布置和尺寸，再次复算船体梁剖面模数。

2）船中剖面模数计算

船中剖面模数定义为

$$W_d = \frac{I}{Z_d} \tag{2.27}$$

$$W_b = \frac{I}{Z_b} \tag{2.28}$$

式中，W_d——甲板剖面模数，cm^3；

W_b——船底剖面模数，cm^3；

I——船中剖面对其中和轴的惯性矩，cm^4；

Z_d——中和轴到强力甲板边线处的垂直距离，cm；

Z_b——中和轴到平板龙骨上表面（基线）的垂直距离，cm。

对于船舶的中剖面模数计算，各国船级社均有相应的计算软件，也可采用通用 Excel 软件处理。在具体计算时，应注意两个问题：①可以计入船中剖面模数的构件；②纵向构件开口的处理。各国船级社对此都有具体规定。

习　题

（1）船舶按航行区域是如何分类的？

（2）确定构件尺度的主要要素有哪些？

（3）根据构件的受力情况，为了便于分析，对船舶的纵向构件具体分为哪几类？

（4）简述船舶在建造和营运过程中分别承受哪些主要载荷。

（5）船舶的总纵强度校核包括哪些内容？

（6）在船舶结构设计过程中,从强度角度出发,进行船舶结构布置的一般原则有哪些?

（7）船中剖面设计的基本要求有哪些? 其设计的主要步骤是怎样的?

参考文献

［1］王杰德,杨永谦. 船体强度与结构设计[M]. 北京:国防工业出版社,1995.

［2］中国船级社. 钢质海船入级规范[M]. 北京:人民交通出版社,2015.

［3］中国船舶工业集团公司. 船舶设计实用手册:结构分册[M]. 3 版. 北京:国防工业出版社,2013.

［4］谢永和,吴剑国,李俊来. 船舶结构设计[M]. 上海:上海交通大学出版社,2011.

第3章

船体结构规范设计法

▼

3.1 规范与船级社

3.1.1 船舶建造规范的产生、发展和作用

18 世纪 40 年代以前,所有的船舶都凭经验建造,也经历了产生巨大损失的尝试。后来,通过对建造实绩和航行经验的总结与提高,逐渐形成了造船所应遵循的规范。

规定建造规范的初步措施是俄罗斯政治家——彼得大帝做出的,他于 1723 年颁布了"关于按照新的船样建造河船"的条例。随着产业革命,贸易也发达起来,船舶建造愈来愈多,轮船保险商感到各船舶吨位、建造日期、建造材料及船舶所有人等资料有集中的必要。于是,1760 年世界上第一个船级机构——英国劳氏船级协会成立了。以后,各航运事业发达的国家都相继成立了船级社。起初,船级社的主要工作是制订船舶登记册,载有关于入级船舶的船体和轮机状况。直到 1835 年才出现第一本由英国劳氏船级社颁布的《建造规范》,适用于 170 ft① 长、100 总吨左右的木船,结构尺寸按吨位数字决定。随着造船材料、构件连接方式及船体强度理论的发展,建造规范也不断发展,于 1855 年、1888 年相继出现了《铁船规范》和《钢船规范》。

各国船级社都是非官方机构,它们按规范监督船舶的建造,并允许船舶正式"入级",给它们所登记的船办理各种国际协定所要求的证书;此外,还对使用中的船舶做定期检查,以确定这些船是否仍保持在"级"内。因此,各主要船级社在世界各地都有办事处,几乎在各港口都能找到它的代表。

建造规范也为航运、造船、相关的制造业和保险业服务。经过"入级"登记的

---

① 1 ft = 0.304 8 m。

船,符合公认的健全的建造标准,这就等于告诉运货人说,他将他的货物交给已经入级的船承运时,他并没有冒脱离实际的风险;同时,保险公司在被请求给船保险时,船的入级有助于保险公司判断隐含的危险性质。

3.1.2 国际船级社协会及共同规范

目前,世界上船级社很多,为促进海上安全标准的提高,与有关的国际组织和海事组织进行合作,与世界海运业保持紧密合作,1968 年,在奥斯陆举行的主要船级社讨论会上国际船级社协会(IACS)正式成立了。

各国船级社均有自己的规范,而且相关具体要求也不尽相同,这样带来了诸多不便。为了满足航运业对更高质量的需求,在国际航运界创造一个公平的市场,保证海上安全,防止污染,保护海洋环境,IACS 制订了"散货船结构共同规范(JBP)"和"油轮结构共同规范(JTP)",统一 IACS 内部的油船、散货船建造标准。该规范从 2006 年 4 月 1 日起正式实施,这是 IACS 有史以来第一次在全球范围内统一船舶建造标准,其意义重大而深远。由于 IACS 拥有全球商船总吨的 90% 以上,因此,共同规范的实施将引发一场全球性规范的变革,并预示着船级社和造船业将面临新的机遇与挑战。国际上主要船级社如表 3.1 所示。

表 3.1　主要船级社

国名	所在地	船级社名称	机构代号	创立年份
美　国	纽　约	美国船级社(American Bureau of Shipping)	ABS	1918
法　国	巴　黎	法国船级社(Bureau Veritas)	BV	1828
中　国	北　京	中国船级社(China Classification Society)	CCS	1956
挪　威	奥斯陆	挪威船级社(Det Norske Veritas)	DNV	1864
德　国	汉　堡	德国劳氏船级社(Germanischer Lloyd)	GL	1867
韩　国	大　田	韩国船级社(Korean Register of Shipping)	KR	1960
英　国	伦　敦	英国劳氏船级社(Lloyd's Register of Shipping)	LR	1760
日　本	东　京	日本船级社(Nippon Kaiji Kyokai)	NK	1899
意大利	热那亚	意大利船级社(Registro Italiano Navale)	RINA	1861
俄罗斯	圣彼得堡	俄罗斯船级社(Russian Maritime Register of Shipping)	RR	1911

说明:① 2012 年,DNV 与 GL 合并,新机构命名为 DNV GL 集团;
　　② 国际船级社协会副委员成员国有印度、克罗地亚和波兰。

JBP 和 JTP 是单一船型规范。JTP 主要由美国、英国和挪威 3 家船级社共同开发制订。JBP 是在亚洲的 3 家 IACS 成员,即中国船级社、韩国船级社和日本船级社组成的"A3"合作研究项目基础上,结合法国、德国和意大利等欧洲船级社组织的研究成果,联合研发而成。共同规范已经纳入国际海事组织(IMO)"基于目标的船舶标准"体系,即直接进入了 IMO 的技术政策体系。作为实践 IMO 安全目标的具体措施之一,共同规范受到了 IMO 和国际船东组织的欢迎。共同规范在规范体系、设计原理、设计理念和规范应用上,与当前所有船级社的规范都有所不同,带来了船舶设计、制造、检验等历史性变革。

3.1.3　规范的选用

船舶分入级船舶和非入级船舶,入级船舶的设计要符合所加入船级社的规范和船籍国的相关法律、法规要求,非入级船舶的设计只要满足船籍国的相关法律、法规要求。基本上国际航线的船舶都会加入某个船级社。各船级社制订的规范种类繁多,因此,在结构设计之前,首先要根据所设计船的入级情况、建造材料、航行区域及船舶用途等选择合适的规范。

规范一经确定,还要检验所设计船是否满足该规范的适用范围。一般规范都在船舶尺度与主要尺度比值和船型及船体结构的类型两大方面规定了规范的适用范围。如中国船级社的《钢质海船入级规范》(2015)中规定:

(1) 适用船长不小于 65 m 焊接结构的钢质海船。

(2) 主尺度比值的范围为 $L/B>5$、$B/D<2.5$ 及 $C_b \geqslant 0.6$。

关于船舶主要尺度的量度各规范都有严格的定义。现有规范不可能脱离已有的造船实践,这也是应用现有规范的最大局限性。对于超出规范的船舶,其结构可采用第 5 章的直接设计法进行设计,并提交相关船级社或主管部门审批。

3.2　规范法设计的基本步骤

按规范进行结构设计的一般流程如图 3.1 所示。首先,根据对母型船的调查研究和所设计船的特殊要求,选择合适的规范。然后,根据型线图和总布置图,进行结构构件的初步布置,绘制中剖面图和基本结构图等草图,按规范计算船体主要构件的尺寸,这时,边计算、边绘图、边完善初始的结构布置方案。其中反复必不可少,并且要经常与总体设计师、轮机设计师等反复协商,以求达到合理的统一。

确定结构尺寸的一般顺序是:首先选择合适的结构类型,确定肋骨间距(与总体设计师协商决定)。然后,可按外板、甲板、船底骨架、舷侧骨架、甲板骨架及支柱、舱壁、首尾柱、首尾结构、上层建筑及甲板室、机炉座、其他、总纵强度校核等顺

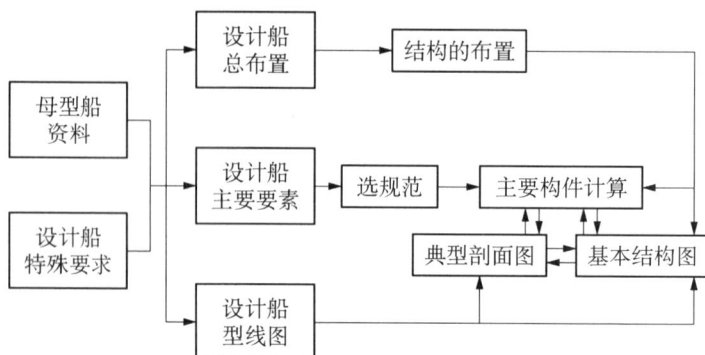

图 3.1 规范法设计的一般流程

序,依照规范公式进行计算,并最后选定结构尺寸。此时,反复也是不可避免的。例如,在计算舷侧纵骨尺寸时,需要船体横剖面的水平中和轴距基线的高度,而此时横剖面中的尺寸没有全部选定,无法知道该高度值,就需要先初定一个高度值,在全部横剖面设计结束得到该高度值后,再将该高度值重新代入计算式,看所选舷侧纵骨尺寸是否满足要求。

此外还要注意,规范规定的尺寸是保证船舶安全可靠的最低标准,最后选定的尺寸还要根据船舶的实际使用要求而适当调整。

3.3 船体结构的规范设计

各规范对船体同类构件设计的计算式和要求不一定完全相同,但其设计的出发点和基本原理是相通的,下面以中国船级社的《钢质海船入级规范》(2015)(以下简称《海船规范》)为例,介绍如何采用规范法对船体进行结构设计。

3.3.1 外板及甲板板的设计

船体外板及最上层连续甲板构成了船体的水密外壳,以保证船舶各种性能的实现,并与船体骨架一起承受并传递各种局部载荷。同时,它们又作为船体梁的最重要的纵向构件,承受总纵弯曲。

1)外板

(1)规范对外板的一般规定。

《海船规范》对中部 $0.4L$ 和离船端 $0.075L$ 区域的船体外板(包括船底板、平板龙骨、舭列板、舷侧外板和舷顶列板),分别按横骨架式和纵骨架式给出了最小板厚计算式。还规定,外板厚度在中部 $0.4L$ 区域内保持不变,然后向首尾两端,逐渐递减至船端 0.075L 区域的板厚,这正好与船体承受的总纵弯曲力矩沿船长的分布相一致。

在同一横剖面内的外板也根据其所处的部位具有不同的厚度。平板龙骨和舷顶列板在船体梁的最下端和最上端,不仅承受较大的总纵弯曲应力,同时考虑到腐蚀、磨损较大(平板龙骨还承受船舶建造或修理时的龙骨墩反力),它们的厚度都分别比船底板及舷侧外板厚,并且还专门规定了它们的宽度。

此外,还对局部区域的外板规定了局部加强措施。例如:首部船底板、与尾柱相连的外板、轴包板、锚链管区域的外板、外板开口处及船楼端部等特殊部位的板都要增厚。

(2) 外板尺度的确定。

在计算船中部外板厚度时,一般都有两个计算式。例如,海船中部 0.4L 区域内的船底板厚度不得小于下列两式计算值:

船底为横骨架式

$$t_1 = 0.072s\left(1 + \frac{s^2}{S^2}\right)^{-1}(L + 170)\sqrt{\frac{F_b}{K}}\ (\text{mm}) \tag{3.1}$$

$$t_2 = 7.0s\sqrt{(d + h_1)F_b K}\ (\text{mm}) \tag{3.2}$$

船底为纵骨架式

$$t_1 = 0.043s(L + 230)\sqrt{\frac{F_b}{K}}\ (\text{mm}) \tag{3.3}$$

$$t_2 = 5.6s\sqrt{(d + h_1)F_b K}\ (\text{mm}) \tag{3.4}$$

式中,s——肋骨间距或纵骨间距,m,计算时,取不小于标准间距;

d——吃水,m;

L——船长,m,计算时取不大于 200 m;

S——船底纵桁或龙骨间距,m;

F_b——折减系数,见 2.3.3 节;

$h_1 = 0.26C$,计算时取不大于 0.2d;

C——系数,如表 2.4 所示;

K——材料换算系数。

需要说明的是规范中对外板尺度的要求计算式都有一定的理论意义,如式(3.1)和式(3.3)是从保证外板的极限强度角度出发要求的纵骨架式板和横骨架式板的最小厚度,而式(3.2)和式(3.4)是根据外板板格的局部弯曲强度要求所确定的纵骨架式板和横骨架式板的最小厚度(具体推导见参考文献[1]第7章7.3.1节)。

2)甲板板

(1)规范对甲板板的一般规定。

《海船规范》除了规定保证船体纵向强度的中剖面模数要求(对甲板有大开口的船舶,通常由这一要求决定强力甲板的尺寸),还根据甲板的作用规定了它们的最小厚度。

对于只起"平台"作用的甲板,即那些不参加总纵弯曲或对纵向强度的贡献甚微的甲板(如开口线以及离船端 0.75L 区域内的强力甲板、下甲板),其构件尺寸均根据所承受的水、货物和设备的局部负荷而定。对载货部位的甲板,《海船规范》对甲板负荷不超过 40 kPa 时的下甲板厚度做了具体规定。

强力甲板的边板是甲板板中首尾贯通的有效纵向连续构件,它与舷顶列板一起对防止船体断裂起重要作用。《海船规范》对其宽度与厚度都做了规定。

在甲板设计中,要特别注意甲板开口处的加强设计及上层建筑和甲板室端部的甲板板设计。同时还要注意,上甲板以下的各层甲板若在机舱、货舱等处中断,尽管它们对保证船体总纵强度的作用不大,但甲板的突然中断,破坏了结构的连续性,会产生应力集中而导致结构的损坏。因此,在中断了的甲板的延长线上要增设舷侧纵桁,并在中断处用尺寸较大的弧形肘板逐渐过渡。在平台甲板的末端,同样要装设肘板逐渐过渡,以减小应力集中。

(2)甲板板尺度的确定。

a. 船中 0.4L 区域内开口边线外强力甲板厚度 t 除应符合中剖面模数要求外,还应不小于按下列各式计算所得值:

横骨架式

$$t_1 = 0.085s \left(1 + \frac{s^2}{S^2}\right)^{-1} (L_1 + 110) \sqrt{\frac{F_d}{K}} \text{ (mm)} \tag{3.5}$$

$$t_2 = 1.05s \sqrt{(L + 75)K} \text{ (mm)} \tag{3.6}$$

纵骨架式

$$t_1 = 0.06s(L_1 + 110) \sqrt{\frac{F_d}{K}} \text{ (mm)} \tag{3.7}$$

$$t_2 = 0.9s \sqrt{(L + 75)K} \text{ (mm)} \tag{3.8}$$

式中，s——横梁间距或纵骨间距，m，计算时，取不小于标准间距；

　　L——船长，m；

　　$L_1=L$，m，计算时，取不大于 200 m；

　　S——甲板纵桁间距，m；

　　F_d——折减系数，见 2.3.3 节；

　　K——材料换算系数。

上述式(3.5)及式(3.7)也可认为是按承压板的极限强度要求建立的，而式(3.6)及式(3.8)同样是由板格的局部弯曲强度要求所确定的。

b. 在开口边线以内及离船端 0.075L 区域内的强力甲板只按局部载荷决定板厚，无论是纵骨架式或横骨架式，其厚度 t 应不小于按下式计算所得值：

$$t=0.9s\sqrt{L+75K}\ (\text{mm}) \tag{3.9}$$

式中，s——骨材间距，m，计算时，取不小于骨材的标准间距；

　　L——船长，m；

　　K——材料换算系数。

c. 下层甲板及平台甲板主要承受货物的压力等局部载荷，它们的尺寸一般按局部强度要求决定。

3) 设计算例

现以一艘 12 500 t 级散货船的规范计算书为例，说明船体外板与甲板的规范计算。

附：该船的《结构规范计算书》部分内容

一、概述

1. 本船为钢质全焊接结构近海散货船，并航行于 B 级冰级航区，设 B 级冰区加强结构。

2. 结构形式：货舱区设双底、双舷，并设顶边舱，双舷侧内设一平台，船底及舷侧平台下均为压载舱。全船为混合骨架式。货舱双层底、舷侧、顶边舱区域均为纵骨架式，其余区域为横骨架式。

3. 计算依据：(1) CCS《国内航行海船建造规范》(2015)，以下简称《海船规范》；

（2）CCS《双舷侧散装货船船体结构指南》(2004)，以下简称《指南》。

二、计算参数

总长 L_{oa} 　　　129.80 m

水线间长 L_{wl} 　　124.50 m

垂线间长 L_{bp} 　　121.00 m

型宽 B 　　　　19.80 m

型深 D 　　　　10.05 m

满载吃水 T 　　7.90 m

结构吃水 d 　　7.90 m

肋距 s 　　　　首尾 0.60 m，机舱及货舱 0.70 m

纵骨间距 　　　船底、内底 0.675 m，甲板纵骨 0.60 m，舷侧纵骨 0.70 m

计算船长 L 不小于 $0.96L_{wl}=119.52$ m，不大于 $0.97L_{wl}=120.77$ m，取 120.77 m

排水体积 ∇ 　　15 881.800 m³

方形系数 C_b 　（对应结构吃水）0.839

标准骨材间距 $s_b=0.001\,6L+0.5$ 　且不大于 0.7 m，取 0.693 m

折减系数 　　　$F_b=1.00$ 　　$F_d=1.00$

主机功率 　　　2 665 kW

主尺度比 　　　$L/B=6.508>5$

　　　　　　　$B/D=2.012<2.5$

　　　　　　　$C_b=0.839 \geqslant 0.6$。都满足《海船规范》对尺度比的要求。

三、构件尺寸计算

1. 外板

1.1　船中 0.4L 区域内船底板

按 §2.3.1.3 要求（注：§2.3.1.3 为《海船规范》中的条文号，下同）

$$t_1=0.043s(L+230)\sqrt{\frac{F_b}{K}}$$

$$t_2=5.6s\sqrt{(d+h_1)F_bK}$$

式中，$s=0.693$ m；$F_b=1.0$；$d=7.90$ m；$L=120.77$ m；$K=1.0$；$h_1=0.26C=2.171$ m（其中 $C=8.351$）且 $h_1 \not> 0.2d=1.58$ m，取 $h_1=1.58$ m。

得 $t_1 = 10.46$ mm；$t_2 = 11.95$ mm；实取 $t = 12$ mm。

1.2　船底板

按 §2.3.1.4 要求，离船端 $0.075L$ 区域内的船底板厚度不小于按下式计算的值：

$$t = (0.035L + 6)\sqrt{\frac{sK}{s_b}}$$

式中，$s = 0.693$ m；$s_b = 0.693$ m。

得 $t = 10.23$ mm；实取 $t = 12$ mm。

1.3　平板龙骨

按 §2.3.2 要求：

平板龙骨宽度　$b = 900 + 3.5L = 1\,322.7$ mm，实取 $b = 2\,000$ mm。

平板龙骨厚度　$t = t_底 + 2 = 13.95$ mm，实取 $t = 14$ mm。

1.4　舭列板

按 §2.3.3 要求，当舭列板处为纵骨架式时，厚度 t 应不小于按 §2.3.1.3 计算的值：

$t = 11.95$ mm；实取 $t = 12$ mm。

1.5　舷侧外板

按 §2.3.4 要求船中 $0.4L$ 区域内舷侧外板厚度 t 应符合下述规定。

1.5.1　按 §2.3.4.3 要求，距基线 $1/2D$ 以上舷侧板厚度 t 应不小于下列两式计算值：

$$t_1 = 0.06s(L + 110)\sqrt{F_dK}$$

$$t_2 = 4.2s\sqrt{(d + h_2)K}$$

式中，$s = 0.700$ m；$F_d = 1.0$；$d = 7.90$ m；$L = 120.77$ m；$K = 1.0$；$h_2 = 0.5C = 4.175$ m（其中 $C = 8.351$）且 $\not> 0.36d = 2.844$ m，取 $h_2 = 2.84$ m。

得 $t_1 = 9.69$ mm；$t_2 = 9.64$ mm；实取 $t = 12$ mm。

1.5.2　按 §2.3.4.3 要求，距基线 $1/4D$ 以下舷侧板厚度 t 应不小于下列两式计算值：

$$t_1 = 0.06s(L + 110)\sqrt{F_bK}$$

$$t_2 = 5.4s\sqrt{(d + h_1)F_bK}$$

式中，$s=0.70$ m；$F_b=1.0$；$d=7.90$ m；$L=120.77$ m；$K=1.0$；$h_1=1.58$ m。

得 $t_1=9.69$ mm；$t_2=11.64$ mm；实取 $t=12$ mm。

1.5.3　按§2.3.4.4 离船端 0.75L 内的舷侧外板应不小于船端 0.75L 内的船底板的厚度：$t=t_底=11.23$ mm；实取 $t=12$ mm。

1.6　舷侧顶列板

按§2.3.5 要求：

宽度 $b=800+5L=1\,320$ mm，厚度不小于相邻舷侧外板的厚度。实取 $b=1\,800$ mm。

按§2.3.5.3 要求，船中 0.4L 区域内的舷顶板厚度 t 应不小于下列两式计算值：

$$t_1=0.06s(L_1+110)\sqrt{\frac{F_d}{K}}$$

$$t_2=0.9s\sqrt{(L+75)K}$$

式中，$s=0.75$ m；$F_d=1.0$；$L_1=120.77$ m；$L=120.77$ m；$K=1.0$。

得 $t_1=10.38$ mm；$t_2=9.44$ mm；实取 $t=16$ mm。

2. 甲板

甲板纵骨间距 $s=0.60$ m；甲板横梁间距 $s=0.70$ m。

2.1　强力甲板

2.1.1　开口边线外的甲板（0.4L 区域）

按§2.4.2.1 要求，厚度 t 不小于下式的值：

$$t_1=0.06s(L_1+110)\sqrt{\frac{F_d}{K}}$$

$$t_2=0.9s\sqrt{(L+75)K}$$

式中，$s=0.693$ m；$F_d=1.0$；$L_1=120.77$ m；$L=120.77$ m；$K=1.0$。

得 $t_1=9.60$ mm；$t_2=9.83$ mm；实取 $t=20$ mm。

2.1.2　开口线以内以及船端甲板

按§2.4.2.2 要求，厚度 t 不小于下式的值：

$$t=0.9s\sqrt{(L+75)K}$$

式中，$s=0.700$ m；$L=120.77$ m；$K=1.0$。

得 $t=8.82$ mm；船端实取 $t=10$ mm；货舱间实取 $t=12$ mm。

2.2　甲板边板

按§2.4.3要求：

0.4L 区域甲板边板宽度不小于 $(6.8L+500)$ mm $=1\,321.2$ mm。实取 $b=2\,000$ mm。

甲板边板厚度不小于强力甲板厚度 $t=9.60$ mm。实取 $t=20$ mm。

船端甲板边板宽度不小于船中的 65%，取值 859 mm，厚度不小于强力甲板厚度，实取 $b=1\,200$ mm，$t=12$ mm。

2.3　货舱开口

按§2.4.4要求：

本船货舱口角隅采用抛物线形，可不需加厚板。实取角隅板 $t=22$ mm。

2.4　平台甲板

按§2.4.5.1要求：

$$t=10s\sqrt{K}=7\text{ mm}$$

式中，$s=0.700$ mm，$K=1.0$。

实取 $t=10$ mm。

3.3.2　船体骨架的设计

船体骨架是船体结构的重要组成部分之一，它主要包括船底骨架、舷侧骨架、甲板骨架和舱壁骨架。每一部分又都是由纵、横交叉的构件所组成。按规范法设计时，这一部分的计算工作量最大。

1) 船体骨架设计计算的一般注意事项

在进行船体骨架设计时，要根据各部结构的形式选择规范的有关章节逐条进行计算。除构件的布置、尺寸等符合规范要求外，还要注意构件的相互连接设计。下面对计算的一般注意事项加以说明。

(1) 骨架的受力不同，其作用不同，对构件尺寸的要求不同。肋骨、纵骨、横梁、舱壁扶强材、组合肋板骨材等次要构件主要对板起扶强作用，承受由板传递来的载荷，同时纵骨还是船体梁的重要纵向构件。这些构件所要求的剖面模数或惯性矩一般较小，可根据规范附录直接选用型钢。要注意的是，一般要选用我国已生产的型号。

（2）确定骨架尺寸的剖面模数和惯性矩要求，除有特殊规定者外，均为连带板的最小要求数值。关于带板的取法规范都有详细的规定。

计算构件剖面模数和惯性矩要求时，除另有规定者外，所取的计算跨距均为跨距点之间的有效跨距。

a. 主要构件的跨距点应取距离构件末端为 b_e 的点，如图 3.2 所示。

$$b_e = b_b \left(1 - \frac{d_w}{d_b}\right) \quad (\text{mm}) \tag{3.10}$$

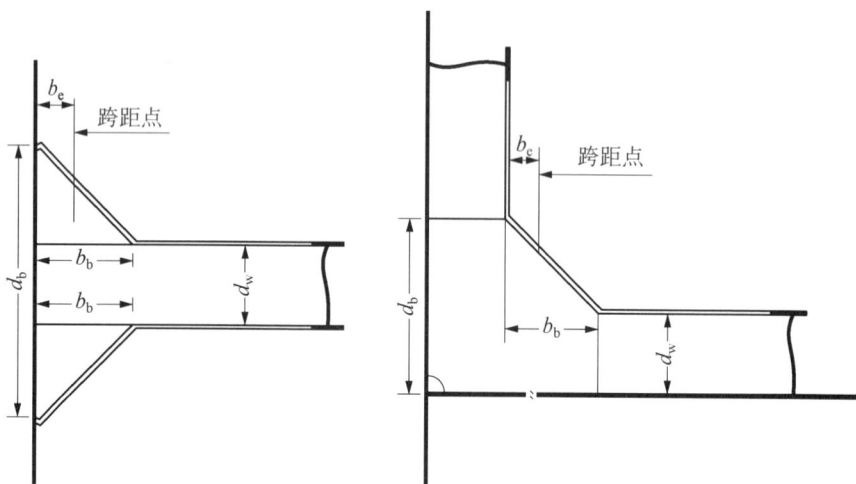

图 3.2　主要构件的跨点

b. 当设置端部肘板时，次要构件的跨距点如图 3.3(a)所示。当不设置端部肘板时，跨距点取在该构件的端部，如图 3.3(b)所示。

c. 除有特殊规定者外，对于有曲度的构件，其跨距为跨距点之间的弦长。

（3）设计中应当尽量减少型材的规格。因此，对每一构件应当按最大计算值（通常为跨距最大处）选取尺寸，或者，为减轻结构重量，对全船分成若干区段选取不同规格型材。

（4）船尾区域受振动载荷作用的结构中，存在由于不合理的焊接和节点形式而造成的应力集中根源时，将大大减少共使用期限，所以要特别注意直接承受螺旋桨工作所引起的脉动压力作用的构件的结构形式。

（5）除有特殊规定者外，所有船体骨架上不得任意开孔。如为了减轻结构的重量，满足施工、维修和检查管系的要求以及流水等需要，在底部结构的骨架腹板

(a)

(b)

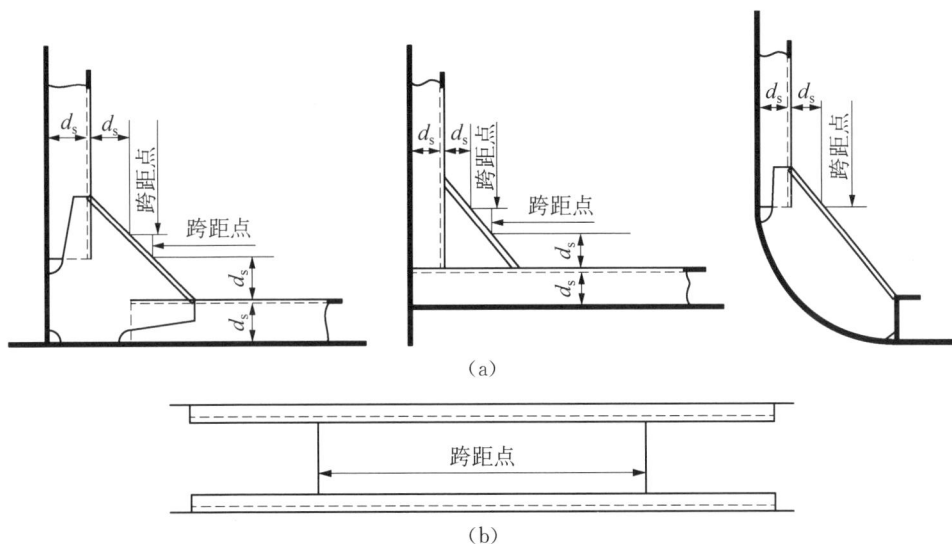

图 3.3　次要构件的跨点

(a) 设置端部肘板时　(b) 不设置端部肘板时

上开人孔、减轻孔、空气孔等开口,必须严格符合规范的相关规定。

2) 规范对船体骨架的要求及意义

规范对船体骨架的最小尺寸,主要按下述 3 种形式给出要求。

(1) 局部强度要求的剖面模数。

绝大部分构件都按此种要求确定尺寸。剖面模数的具体表达式取决于对该构件所选的计算图式。

若将船体骨架简化为两端弹性固定的单跨梁,作用在骨材板面上的分布载荷以水柱高度 h 表示,又认为骨材承受一个骨材间距 s 内板面上的载荷,则作用于骨材计算剖面上的弯矩为

$$M = K_M s h l^2 \tag{3.11}$$

式中,K_M——系数,取决于载荷的分布和骨材两端的弹性固定情况;

l——骨材跨距。取许用应力为 $[\sigma]$,则保证骨材局部强度所需要的最小剖面模数 W 表示为

$$W = \frac{M}{[\sigma]} K_1 s h l^2 \tag{3.12}$$

式中,$K_1 = \dfrac{K_M}{[\sigma]}$。

因此,对不同骨架,只要根据其作用确定合适的载荷,并分析建造实绩确定合适的边界条件和许用应力标准,就不难得到规范的计算公式。如《海船规范》规定纵骨架式双层底的船底纵骨的剖面模数 W 应不小于按下式计算所得的值:

$$W = \frac{8.5f}{1.73 - F_d}(d + h_1)sl^2K \ (\text{cm}^3) \tag{3.13}$$

式中, s——纵骨间距,m;

l——纵骨跨距,m,但不小于 1.5 m;

d——吃水,m;

f——系数,有中间垂直撑柱时为 0.52,无中间垂直撑柱时为 1.0;

h_1——系数,见 3.3.1 节;

F_d——折减系数,见 2.3.3 节;

K——材料换算系数。

(2) 刚度要求的剖面惯性矩。

为控制一些构件的变形不致过大,规范规定了包括带板的剖面惯性矩要求:

$$I = K_2Wl \tag{3.14}$$

式中, W——按局部强度要求的剖面模数值,cm³;

l——构件的跨度,m;

K_2——视具体结构而定的系数。

对于上述关系式,可做如下定性解释:像甲板强横梁、甲板纵桁、舱口纵桁、舱口端横梁、悬臂梁等强骨材,它们的变形将影响舱口盖的开闭,对露天甲板来说还会引起漏水。因此,规范对它们的变形都做了适当的限制。如《海船规范》规定支持强横梁的甲板纵桁剖面惯性矩 I 应不小于按下式计算所得的值:

$$I = 2Wl/K \ (\text{cm}^4) \tag{3.15}$$

式中, W——按局部强度要求的甲板纵桁剖面模数值,cm³;

l——构件的跨度,m;

K——材料换算系数。

(3) 稳定性要求的剖面惯性矩。

如《钢质内河船舶建造规范》(2016)中规定强力甲板纵骨的剖面惯性矩 I 应不小于按下式计算所得的值:

$$I = 1.1(C_wW^{2/3} + f)l^2 \ (\text{cm}^4) \tag{3.16}$$

式中，W——按局部强度要求的强力甲板纵骨剖面模数值，cm^3；

f——纵骨带板剖面面积，m^2；

l——纵骨跨距，m；

C_w——系数，角钢取 0.73，球扁钢取 0.66。

这是从保证甲板纵骨的稳定性要求得到的。

3）设计算例

下面，仍以 12 500 t 级散货船的规范计算书为例，说明船体骨架的规范计算。

附：该船的《结构规范计算书》部分内容

1. 货舱区域

本船货舱为纵骨架式结构，船中箱型中桁材，3 道旁桁材，纵骨间距 $s = 0.675$ m，纵骨跨距 $l = 2.1$ m。

1.1　货舱双层底骨架

1.1.1　中桁材（箱型）

按 §2.6.3 要求：

侧板间距不大于 2 m，实取 1.8 m。侧板厚度不小于水密肋板的厚度 12.64 mm，实取 14 mm。

中桁材高度：$h_0 = 25B + 42d + 300$

式中，$B = 19.80$ m；$d = 7.90$ m。

计算得 $h_0 = 1\ 126.8$ mm。实取 $h_0 = 1\ 200$ mm。

在箱型中桁材每个肋位上，应设置船底骨材和内底骨材，其剖面模数：

$$W = 22Ksdl^2 \ cm^3$$

式中，$s = 0.7$ m；$d = 7.90$ m；$l = 1.8$ m；$K = 1.0$。

计算得 $W = 398.18\ cm^3$。实取为 $\perp \dfrac{10 \times 180}{12 \times 150}$，其 $W = 417\ cm^3$ 满足要求。

箱型中桁材内的船体中心线上应设置间断的船底纵向骨材，实取为 $\perp \dfrac{10 \times 180}{12 \times 150}$。

箱型中桁材侧板外侧无肋板的肋位上应设置与实肋板等厚的肘板。

1.1.2　旁桁材

按 §2.6.10.2 和 §2.6.4.1 要求：

旁桁材厚度 $t = t_{中} - 3$

式中，$t_{中} = (0.0077 + h_0) \sqrt{K}$；$h_0 = 1\,127$ mm；$K = 1.0$。

计算得 $t = 9.68$ mm。实取 $t = 12$ mm。

加强筋按 §2.6.5.2 要求，在不设肋板的肋位均设置，实取 —150×12。

1.1.3 实肋板

1.1.3.1 非水密实肋板

按 §2.6.11.2、§2.6.5.1 要求：

$$t = 1.1(0.0077h_0 + 1)\sqrt{K}$$

计算得 $t = 10.64$ mm。实取 $t = 12$ mm。加强筋实取 —150×12。

1.1.3.2 水密和油密实肋板

按 §2.6.11.2、§2.6.6.1 和 §2.6.6.2 要求：

$$t = t_{货} + 2$$

计算得 $t = 12.64$ mm。

$$W = 5.5shl^2K$$

式中，$s = 0.675$ m；$h = 9.2$ m；$l = 1.20$ m；$K = 1.0$。

计算得 $W = 48.969$ cm^3。

按 §2.13.2.1、§2.13.2.2 和 §2.13.2.3 深舱要求：

$$t = 3.95s\sqrt{\rho h K} + 2.5$$

式中，$s = 0.675$ m；$h = 5.2$ m；$K = 1.0$。

计算得 $t = 8.65$ mm。

$$W = 8s\rho hl^2K$$

式中，$s = 0.675$ m；$h = 4.9$ m；$l = 1.20$；$K = 1.0$。

计算得 $W = 38.9$ cm^3。

综上计算结果，实取 $t = 14$ mm。加强筋实取 HP120×8，$W = 69.5$ cm^3。

1.1.4 船底纵骨

按 §2.6.12.2 要求：

$$W = \frac{8.5f}{1.73 - F_b}(d + h_1)sl^2K$$

式中，$s=0.675$ m；$F_b=1.0$；$d=7.90$ m；$l=2.10$ m；$K=1.0$；$f=0.520$；$h_1=1.58$。

计算得 $W=170.86$ cm³。

实取 HP200×9，$W=235.9$ cm³。

1.1.5　船首船底纵骨加强（#130～#161）

按§2.15.3.3 要求：

$$W=1.1\frac{8.5f}{1.73-F_b}(d+h_1)sl^2$$

式中，$l=1.85$ m；其余参数值与 1.1.4 相同。

计算得 $W=280.5$ cm³。

实取 HP220×10，$W=309.8$ cm³。

1.1.6　内底纵骨

按§2.22.3.5 要求：

$$W=\frac{8.5}{\gamma}Hsl^2K$$

式中，$s=0.675$ m；$l=2.10$ m；$H=8.85$ m；$\gamma=0.833$ m³/t；$K=1.0$。

计算得 $W=268.82$ cm³。

实取 HP220×10，$W=315.12$ cm³。

1.1.7　垂直撑柱

按§2.6.12.2 要求：

$$A=23.8+0.04W$$

式中，$W=268.82$ cm³

计算得 $A=34.55$ cm²。

实取 25b 槽钢，$A=39.91$ cm²。

1.1.8　内底板及内底边板

内底板按§2.22.3.4 要求（重货加强）：

$$t=(0.04L+5s+1.1)\sqrt{K}+5$$

$$t=4.65s\sqrt{\frac{HK}{\gamma}}$$

式中，$s = 0.675$ m；$L = 120.77$ m；$H = 8.4$ m；$\gamma = 0.833$ m^3/t。

计算得 t 分别为 14.31 mm 和 9.97 mm。

按 §2.23.3.1 要求（抓斗加强）：

$$t_{GR} = 0.28(M_{GR} + 50)\sqrt{sK}$$

式中，$M_{GR} = 6t$；$K = 1.0$。

计算得 $t = 12.88$ mm，考虑腐蚀裕量增厚 2 mm，得 $t = 14.88$ mm。

综上计算结果，内底边板取与内底板相同，实取 $t = 15$ mm。

1.1.9 舭部横向支撑构件

参照《指南》§4.4.6 要求：

设置开孔板代替肋板、强肋骨和强横梁时，开孔板的厚度不小于双层底肋板的厚度。实取 $t = 12.00$ mm，每档设置。

1.2 货舱顶边舱

1.2.1 斜板和舱口垂向列板

按《指南》§5.2.1 要求，斜板厚度 t 应不小于下列两式计算的值，且不小于 8 mm：

$$t_1 = 4s\sqrt{h} + 2.5$$
$$t_2 = 12s$$

式中，$s = 0.735$ m；$h = 3.520$ m。

计算得 $t_1 = 8.02$ mm，$t_2 = 8.82$ mm。

最下列板应不小于上式计算增加 1 mm。

按《海船规范》§8.6.2.2 要求，舱口垂向列板和斜板顶列板厚度 t 应不小于开口外甲板厚度的 60% 且不小于 18s。

计算得 t 分别为 5.76 mm 和 13.23 mm。

实取顶边舱斜板 $t = 14$ mm，舱口垂向列板 $t = 18$ mm。

1.2.2 甲板纵骨、斜板纵骨和舷侧纵骨

按《指南》§5.3.1 要求，其剖面模数不小于下式的值：

$$W = 10shl^2$$

1）甲板纵骨

式中，$s = 0.600$ m；$h = 2.100$ m；$l = 2.100$ m。

计算得 $W = 55.57\ \text{cm}^3$。

甲板纵骨还应满足§2.8.5.1要求：

$$W = c_1 s h l^2 K$$

式中，$s = 0.600\ \text{m}$；$c_1 = 10.5$；$l = 2.100\ \text{m}$；$L = 120.77\ \text{m}$；$K = 1.0$；$h \geqslant 22.6L/(1\,780 - L) = 1.64\ \text{m}$。

计算得 $W = 45.70\ \text{cm}^3$。

甲板纵骨实取 HP180×11，$W = 215\ \text{cm}^3$。

2）斜板纵骨和舷侧纵骨

式中，$s = 0.735\ \text{m}$；$h = 3.400\ \text{m}$；$l = 2.100\ \text{m}$。

计算得 $W = 110.21\ \text{cm}^3$。

斜板纵骨和舷侧纵骨实取 HP180×11，$W = 207.2\ \text{cm}^3$。

1.2.3 横向支撑构件

按§5.4.2腹板高度不小于骨材穿过的2倍。

按《指南》§5.4.5，横向构件间距应 $\geqslant 0.006L + 3 = 3.72\ \text{m}$，实际3档设为2.1 m。

按《指南》§5.4.1要求，甲板强横梁、斜板强横梁和舷侧强肋骨的剖面模数和惯性矩，不小于下式的值：

$$W = 7.5 S h l^2, \quad I = 2.5 W l$$

1）甲板强横梁

式中，$S = 2.100\ \text{m}$；$h = 1.500\ \text{m}$；$l = 3.600\ \text{m}$。

计算得 $W = 306.18\ \text{cm}^3$，$I = 2\,755.62\ \text{cm}^4$。

2）斜板强横梁

式中，$S = 2.100\ \text{m}$；$h = 2.500\ \text{m}$；$l = 3.000\ \text{m}$。

计算得 $W = 354.38\ \text{cm}^3$，$I = 2\,657.8\ \text{cm}^4$。

按《指南》§5.4.2，强横梁还应满足§2.8.7.3和§2.8.7.6：

$$W = 5 S h l^2 K, \quad I = 2 W l / K$$

式中，$S = 2.100\ \text{m}$；$h = h_0 = 1.20 + 2/1\,000 \times [(100 + 3L)/(D - d) - 150] = 1.330\ \text{m}$；$L = 120.77\ \text{m}$；$D = 10.05\ \text{m}$；$d = 7.90\ \text{m}$；$l = 3.600\ \text{m}$。

计算得 $W = 180.994\ \text{cm}^3$，$I = 1\,303.16\ \text{cm}^4$。

实取 $\perp \dfrac{10 \times 450}{10 \times 100}$，$W = 1\,060\ \mathrm{cm}^3$，$I = 40\,699\ \mathrm{cm}^4$。

3）甲板纵桁

不支持强横梁，取与强横梁相同。

实取 $\perp \dfrac{10 \times 450}{10 \times 100}$。

4）舷侧强肋骨

式中，$S = 2.100\ \mathrm{m}$；$h = 3.100\ \mathrm{m}$；$l = 2.200\ \mathrm{m}$。

计算得 $W = 236.31\ \mathrm{cm}^3$，$I = 1\,299.7\ \mathrm{cm}^4$。

实取 $\perp \dfrac{10 \times 450}{10 \times 100}$，$W = 1\,035\ \mathrm{cm}^3$，$I = 37\,670\ \mathrm{cm}^4$。

1.2.4 主要构件面板与纵骨之间的肘板

按《指南》§4.4.4，每隔一根纵骨设肘板，其厚度与主要构件腹板厚度相同。

实取 -10×150。

1.2.5 顶边舱水密隔板

按《指南》§5.6.1：

$$t = 4sh0.5 + 2.5$$

$$t = 12s$$

式中，$s = 0.70\ \mathrm{m}$；$h = 4.10\ \mathrm{m}$。

计算得 t 分别为 8.17 mm 和 8.4 mm。

实取 $t = 12\ \mathrm{mm}$。

1.2.6 顶边舱水密隔板扶强材

按《指南》§5.6.2：

$$W = 10shl^2$$

式中，$s = 0.70\ \mathrm{m}$；$h = 2.06\ \mathrm{m}$；$l = 2.05\ \mathrm{m}$。

计算得 $W = 60.60\ \mathrm{cm}^3$。

实取 HP140 × 8，$W = 87.4\ \mathrm{cm}^3$。

1.3 货舱区纵骨架式双舷侧及骨架

1.3.1 最小厚度

按《指南》§6.3.1（双舷侧内主要构件）：

$$t = 7.5 + 0.015L,\text{不必大于 11 mm}。$$

式中，$L = 120.77$ m。

计算得 $t = 9.31$ mm

1.3.2　舷侧纵骨（货舱舷侧为纵骨架式）

按 §2.7.5.1 要求，其剖面模数不小于下式要求：

$$W = \frac{8.5}{f}hsl^2K$$

距 BL5400～7650：

式中，$s = 0.750$ m；$l = 2.10$ m；$f = 1.73 - F_d(Z - Z_n)/(D - Z_n) \not> 1.077$；
$h = 0.26C + d - Z/D \times (0.06C + d) = 4.93$。$f = 1.417$，取 $f = 1.077$；其中：
$C = 8.351$；$d = 7.90$ m；$F_d = 1.00$；$Z = 6.15$ m；$Z_n = 4.37$ m；$D = 10.05$ m。

计算得 $W = 128.70$ cm^3。

实取 HP200×9，$W = 235.6$ cm^3。

距 BL～5400：

式中，$s = 0.700$ m；$l = 2.10$ m；$f = 1.73 - F_b(Z_n - Z)/Z_n \not> 1.077$；
$h = 0.26C + d - Z/D \times (0.06C + d) = 8.48$。$f = 1.165$，取 $f = 1.077$；其中：
$C = 8.351$；$d = 7.90$ m；$F_b = 1.00$；$Z = 1.90$ m；$Z_n = 4.37$ m；$D = 10.05$ m。

计算得 $W = 206.67$ cm^3。（注：此剖面模数以最底处纵骨计算的最大，以上的纵骨更能满足）

按深舱 §2.13.7.1：

$$W = 9shl^2$$

式中，$s = 0.700$ m；$h = 4.30$ m；$l = 2.10$ m。

计算得 $W = 119.47$ cm^3。

实取 HP200×9，$W = 235.6$ cm^3。

1.3.3　内壳板

按《指南》§6.4.2（按压载舱）：

$t = 4sh0.5 + 2.5$，当不设底边舱时，最下列板增厚 1 mm。

式中，$s = 0.75$ m；$h = 5.23$ m。

计算得 $t = 9.36$ m。

考虑抓斗卸货及船中剖面模数,实取 $t_{上} = 10$ mm, $t_{下} = 12$ mm。

1.3.4 内壳板水平扶强材(内舷纵骨)

5400 平台以上(空舱)按《指南》§6.4.5:

$$W = 3shl^2$$

式中,$s = 0.75$ m;$h = 3.90$ m;$l = 2.10$ m。

计算得 $W = 38.70$ cm^3。

实取 HP180×8,$W = 158.1$ cm^3。

5400 平台以下(压载舱)按《指南》§6.4.6:

$$W = 8.2shl^2, \quad I = 2.3Wl$$

式中,$s = 0.70$ m;$h = 4.18$ m;$l = 2.10$ m。

计算得 $W = 105.68$ cm^3,$I = 510.45$ cm^4。

实取 HP180×8,$W = 158.1$ cm^3,$I = 2\,542$ cm^4。

1.3.5 横隔板

1.3.5.1 水密横隔板及扶强材

按《指南》§6.5.2、§6.4.2 和§6.4.6:

$$t = t_{内壳} = 9.36 \text{ mm}$$

$$W = W_{内壳} = 105.68 \text{ cm}^3$$

实取板厚 $t = 12$ mm;扶强材 HP180×8,$W = 158.1$ cm^3,$I = 2\,542$ cm^4。

1.3.5.2 非水密横隔板及扶强材

按《指南》§6.5.4 和§6.3:

$$t = 7.5 + 0.015L$$

式中,$L = 120.77$ m。

计算得 $t = 9.31$ mm。

实取板厚 $t = 10$ mm;扶强材 HP180×8,$W = 158.1$ cm^3,$I = 2\,542$ cm^4。

1.3.6 深舱平台

按《指南》§6.6.1,深舱平台的厚度:

$$t = 12s = 1.2 \text{ mm}$$

1200 平台：$t = 4sh^{0.5} + 3.5 = 8.42$ mm，实取 $t = 15$ mm；

5400 平台：$t = 4sh^{0.5} + 3.5 = 8.68$ mm，实取 $t = 10$ mm；

7650 平台：$t = 4sh^{0.5} + 3.5 = 7.22$ mm，实取 $t = 10$ mm。

式中，$s = 0.6$ m；$h = 4.20$ m（1200 平台）；$h = 4.65$ m（5400 平台）；$h = 2.40$ m（7650 平台）。

1.3.7　深舱平台纵骨

按《指南》§6.6.2，平台纵骨的剖面模数和惯性矩应不小于按下式计算所得的值：

$$W = 9shl^2, \quad I = 2.3Wl$$

式中，$s = 0.6$ m；$l = 2.1$ m；$h = 4.20$ m（1200 平台）；$h = 4.65$ m（5400 平台）；$h = 2.40$ m（7650 平台）。

计算得 1200 平台：$W = 100.02$ cm^3，$I = 483.09$ cm^4；

5400 平台：$W = 100.74$ cm^3，$I = 534.85$ cm^4；

7650 平台：$W = 57.15$ cm^3，$I = 276.05$ cm^4。

实取纵骨 HP180×8，$W = 158.1$ cm^3，$I = 2\,542$ cm^4。

1.4　货舱区域甲板骨架

1.4.1　开口线内甲板横梁（货舱间）

按 §2.8.2.1 要求，甲板横梁的剖面模数应不小于下式的值：

$$W = (C_1 C_2 Dd + C_3 shl^2)K$$

式中，$C_1 = 2$；$C_2 = 0.80$；$C_3 = 6.534$；$K = 1.0$；

#148 向首：$s = 0.700$ m；$h = 1.25h_0 = 1.663$ m；$l = 3.600$ m。

#121 向尾：$s = 0.700$ m；$h = h_0 = 1.330$ m；$l = 3.600$ m。

计算得 #148 向首：$W = 225.58$ cm^3；实取 HP200×9，$W = 236.3$ cm^3。

#121 向尾：$W = 87.69$ cm^3；实取 HP180×8，$W = 158.1$ cm^3。

1.4.2　舱口端横梁

舱口端横梁不支持舱口纵桁。

按 §2.8.9.1 及 §2.8.2.1 要求，舱口端横梁的剖面模数不小于下式的值：

$$W = C_1 C_2 Dd + C_3 shl^2$$

式中，$C_1 = 2$；$C_2 = 0.80$；$C_3 = 7.128$；

前后端：$s = 2.8$ m；$h = h_0 + 2 = 3.330$ m；$l = 12.60$ m。

货舱间：$s = 1.35$ m；$h = h_0 = 1.330$ m；$l = 12.60$ m。

计算得

前后端：$W = 10\,678.6$ cm^3；实取 $\Pi \dfrac{2(12 \times 600)}{14 \times 740}$，$W = 11\,193$ cm^3；

货舱间：$W = 2\,159.0$ cm^3；实取 $\Pi \dfrac{2(10 \times 600)}{12 \times 740}$，$W = 5\,450$ cm^3。

1.4.3 甲板纵桁

按§2.8.3.2 和§2.8.3.5 要求，甲板纵桁的剖面模数和惯性矩不小于下式的值：

$$W = 4.75 bhl^2 K, \quad I = 2Wl/K$$

式中，前后端：$b = 3.60$ m；$h = 3.330$ m；$l = 2.80$ m；

货舱间：$b = 3.60$ m；$h = h_0 = 1.330$ m；$l = 2.10$ m。

计算得前后端：$W = 446.4$ cm^3，$I = 2\,500.1$ cm^4；实取 $\perp \dfrac{10 \times 400}{12 \times 120}$，$W = 1\,028.0$ cm^3，$I = 32\,938$ cm^4；

货舱间：$W = 100.3$ cm^3，$I = 421.3$ cm^4；实取 $\perp \dfrac{10 \times 400}{12 \times 120}$，$W = 1\,028.0$ cm^3，$I = 32\,938$ cm^4。

1.4.4 甲板强横梁

按§2.8.4.1 支持甲板纵桁的强横梁直接计算（#34、#37、#40、#152、#154 和#158）。

#37 计算模型：

$$a = 2.10 \text{ m}; \ b_1 = 3.150 \text{ m}; \ l = 12.60 \text{ m}; \ h = 1.330 \text{ m};$$
$$b_2 = 3.150 \text{ m}; \ b_3 = 3.600 \text{ m}$$

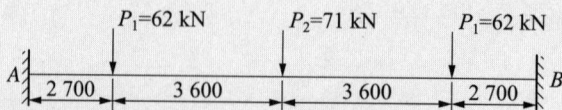

求对 A、B 点的弯矩 M_A、M_B。

$M_A = M_B$

$$= \frac{P_1 l_1 (l_2 + l_3 + l_4)^2}{l^2} + \frac{P_2 (l_1 + l_2)^2 (l_3 + l_4)}{l^2} + \frac{P_1 l_4^2 (l_3 + l_2 + l_1)}{l^2}$$

$$= 243.350 \text{ kN} \cdot \text{m}$$

强横梁所需的剖面模数 W 和 I：

$$W = \frac{M}{[\sigma]} = 1\,963 \text{ cm}^3 \quad 其中：[\sigma] = 124 \text{ N/mm}^2$$

$$I = 2Wl/K = 49\,455.0 \text{ cm}^4$$

实取强横梁 $\perp \dfrac{12 \times 600}{14 \times 200}$，$W = 2\,990.0 \text{ cm}^3$，$I = 156\,929 \text{ cm}^4$。

习　题

(1) 国际上主要船级社有哪些？

(2) 在船舶结构设计时，如何选用规范？

(3) 请阐述船舶结构规范设计法的一般流程。

(4) 规范中对船体外板和甲板板一般从哪些方面要求其最小板厚？

(5) 船体骨架设计计算的一般注意事项有哪些？

(6) 规范对船体骨架的最小尺寸一般从哪些方面提出要求？

参考文献

[1] 王杰德,杨永谦. 船体强度与结构设计[M]. 北京:国防工业出版社,1995.

[2] 中国船级社. 钢质海船入级规范[M]. 北京:人民交通出版社,2015.

[3] 中国船级社. 双舷侧散装货船船体结构指南[M]. 北京:人民交通出版社,2004.

第4章

船体结构有限元分析基础

▼

4.1 有限元分析的基本原理

4.1.1 位移函数

单元位移函数也称位移模式。把结构离散化为有限个数目的单元和节点并分别进行编号和定义单元之后,就要对单元的力学特性进行分析,即要确定单元的节点力与单元的节点位移、单元内任一点处的位移及应力等的关系。但没有现成的公式把它们联系起来,这就需要选择(或假定)适当的位移函数建立这种联系。

单元位移函教就是把单元中任意一点的位移近似地表示为坐标 x 和 y 的某种函数,称为单元的位移函数或位移模式,即

$$\left.\begin{array}{l} u = u(x, y) \\ v = v(x, y) \end{array}\right\} \tag{4.1}$$

根据数学理论,在某一闭区间内可以用一多项式近似描述。当多项式的项数趋于无穷时,多项式就趋近于该函数。因此,通常选用多项式描述单元中的位移函数,如

$$\left.\begin{array}{l} u = u(x, y) = \alpha_1 + \alpha_2 x + \alpha_3 y + \alpha_4 x^2 + \alpha_5 xy + \alpha_6 y^2 + \cdots \\ u = v(x, y) = \alpha_1' + \alpha_2' x + \alpha_3' y + \alpha_4' x^2 + \alpha_5' xy + \alpha_6' y^2 + \cdots \end{array}\right\} \tag{4.2}$$

式中,α_1, α_2, $\cdots$, α_1', α_2', $\cdots$称为待定系数。

显然项数越多,就越接近实际位移形态,精度就越高。但实际上项数的选取受到单元类型的制约。因为多项式中的待定系数要由节点坐标及节点位移来确定,所以一般根据单元的节点数目确定所选取的多项式项数。

对于三角形三节点单元,有 3 个节点,可取式(4.2)中的前 3 项,即位移函数可

设为坐标的线性函数,如

$$u = u(x, y) = \alpha_1 + \alpha_2 x + \alpha_3 y \\ v = v(x, y) = \alpha_4 + \alpha_5 x + \alpha_6 y$$ (4.3)

式中,$\alpha_1, \alpha_2, \cdots, \alpha_6$——待定系数;

　　u, v——单元中任意一点 P 在 x 和 y 方向的位移分量,如图 4.1 所示。

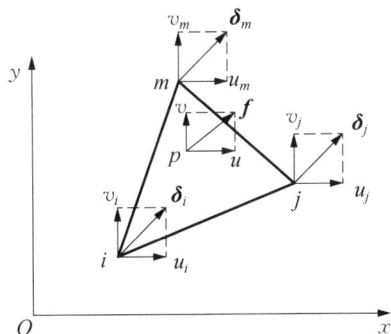

图 4.1　单元节点和任一点的位移分量

　　由于弹性平面问题,因此单元的每个节点在 xOy 平面内可以有两个自由度,即两个位移分量,则整个单元将有 6 个节点位移分量,其节点 i, j, m 坐标和位移如图 4.1 及表 4.1 所示。将节点位移写成列阵表达式为

$$\boldsymbol{\delta}^e = \begin{bmatrix} \boldsymbol{\delta}_i \\ \boldsymbol{\delta}_j \\ \boldsymbol{\delta}_m \end{bmatrix} = \begin{bmatrix} u_i & v_i \\ u_j & v_j \\ u_m & v_m \end{bmatrix}$$ (4.4)

表 4.1　单元节点坐标和位移

节点号	坐标		位移	
	x	y	方向	方向
i	x_i	y_i	u_i	v_i
j	x_j	y_j	u_j	v_j
m	x_m	y_m	u_m	v_m

其中子矩阵为

$$\boldsymbol{\delta}_i = \begin{bmatrix} u_i \\ v_i \end{bmatrix}; \quad \boldsymbol{\delta}_j = \begin{bmatrix} u_j \\ v_j \end{bmatrix}; \quad \boldsymbol{\delta}_m = \begin{bmatrix} u_m \\ v_m \end{bmatrix}$$ (4.5)

而

$$
\left.\begin{aligned}
u_i &= \alpha_1 + \alpha_2 x_i + \alpha_3 y_i \\
u_j &= \alpha_1 + \alpha_2 x_j + \alpha_3 y_j \\
u_m &= \alpha_1 + \alpha_2 x_m + \alpha_3 y_m
\end{aligned}\right\}
\quad ;
\left.\begin{aligned}
u_i &= \alpha_4 + \alpha_5 x_i + \alpha_6 y_i \\
u_j &= \alpha_4 + \alpha_5 x_j + \alpha_6 y_j \\
u_m &= \alpha_4 + \alpha_5 x_m + \alpha_6 y_m
\end{aligned}\right\}
\tag{4.6}
$$

将方程式(4.6)写成矩阵表达式

$$
\begin{bmatrix} u_i \\ u_j \\ u_m \end{bmatrix}
=
\begin{bmatrix} 1 & x_i & y_i \\ 1 & x_j & y_j \\ 1 & x_m & y_m \end{bmatrix}
\begin{bmatrix} \alpha_1 \\ \alpha_2 \\ \alpha_3 \end{bmatrix}
\quad ;
\begin{bmatrix} v_i \\ v_j \\ v_m \end{bmatrix}
=
\begin{bmatrix} 1 & x_i & y_i \\ 1 & x_j & y_j \\ 1 & x_m & y_m \end{bmatrix}
\begin{bmatrix} \alpha_4 \\ \alpha_5 \\ \alpha_6 \end{bmatrix}
\tag{4.7}
$$

求解方程式(4.7),可得

$$
\begin{bmatrix} \alpha_1 \\ \alpha_2 \\ \alpha_3 \end{bmatrix}
= \frac{1}{2\Delta}
\begin{bmatrix} a_i & a_j & a_m \\ b_i & b_j & b_m \\ c_i & c_j & c_m \end{bmatrix}
\begin{bmatrix} u_i \\ u_j \\ u_m \end{bmatrix}
\quad ;
\begin{bmatrix} \alpha_4 \\ \alpha_5 \\ \alpha_6 \end{bmatrix}
= \frac{1}{2\Delta}
\begin{bmatrix} a_i & a_j & a_m \\ b_i & b_j & b_m \\ c_i & c_j & c_m \end{bmatrix}
\begin{bmatrix} v_i \\ v_j \\ v_m \end{bmatrix}
\tag{4.8}
$$

式中,Δ 为三角形单元的面积,其表达式为

$$
\Delta = \frac{1}{2}
\begin{vmatrix} 1 & x_i & y_i \\ 1 & x_j & y_j \\ 1 & x_m & y_m \end{vmatrix}
= \frac{1}{2}(b_i c_j - b_j c_i)
\tag{4.9}
$$

$$
\left.\begin{aligned}
a_i &= \begin{vmatrix} x_j & y_j \\ x_m & y_m \end{vmatrix} = x_i y_m - x_m y_i \\
b_i &= \begin{vmatrix} 1 & x_j \\ 1 & x_m \end{vmatrix} = -x_i - y_m \\
c_i &= \begin{vmatrix} 1 & x_j \\ 1 & x_m \end{vmatrix} = -x_i + y_m = x_m - x_i
\end{aligned}\right\}
(i,j,m)
\tag{4.10}
$$

记号(i,j,m)表示将式(4.10)中的 i,j,m 进行顺序轮换后,可以得出另外两组 a,b,c 的表达式。

a,b,c 及 Δ 均是只与节点坐标有关的常数。因此,在已知节点坐标和位移时,即可求得待定系数

$$\begin{aligned}
\alpha_1 &= (a_iu_i+a_ju_j+a_mu_m)/2\Delta \\
\alpha_2 &= (b_iu_i+b_ju_j+b_mu_m)/2\Delta \\
\alpha_3 &= (c_iu_i+c_ju_j+c_mu_m)/2\Delta
\end{aligned}\Bigg\};
\begin{aligned}
\alpha_4 &= (a_iu_i+a_ju_j+a_mu_m)/2\Delta \\
\alpha_5 &= (b_iu_i+b_ju_j+b_mu_m)/2\Delta \\
\alpha_6 &= (c_iu_i+c_ju_j+c_mu_m)/2\Delta
\end{aligned}\Bigg\}$$

$$(4.11)$$

将式(4.11)代入式(4.3)中,可得单元位移函数为节点位移的插值函数,即

$$\left.\begin{aligned}
u &= N_iu_i+N_ju_j+N_mu_m = \sum_{i,j,m} N_iu_i \\
v &= N_iv_i+N_jv_j+N_mv_m = \sum_{i,j,m} N_iv_i
\end{aligned}\right\}$$

$$(4.12)$$

式中,$N_i=\dfrac{1}{2\Delta}(a_i+b_ix+c_iy)\overleftrightarrow{(i,j,m)}$

将上式写成矩阵形式,得

$$f=\begin{bmatrix}u\\v\end{bmatrix}=\begin{bmatrix}N_iu_i+N_ju_j+N_mu_m\\N_iv_i+N_jv_j+N_mv_m\end{bmatrix}$$

$$=\begin{bmatrix}N_i&0&N_j&0&N_m&0\\0&N_i&0&N_j&0&N_m\end{bmatrix}\begin{bmatrix}u_i&v_i&u_j&v_j&u_m&v_m\end{bmatrix}^T$$

上式可简写成

$$f=N\begin{bmatrix}\delta_i&\delta_j&\delta_m\end{bmatrix}^T=N\delta^e \qquad (4.13)$$

式(4.13)就是由节点位移 δ^e 求单元内部各点位移 f 的转换式,N 是转换矩阵,称为形函数矩阵。

由式(4.12)可知,当 $u_i=v_i=1$,而其他节点位移为 0 时,单元内任一点处的位移为

$$u=N_i$$
$$v=N_i$$

就是说节点 i 发生位移时,函数 N_i 就表示单元内部的位移分布形状,故称 N_i,N_j,N_m 为位移的形函数(或形状函数)。形函数是定义于单元内部的连续函数。对于三角形节点单元,其形函数是坐标的线性函数。

4.1.2　单元应变和应力

在上一节中,研究了由单元节点位移求单元内任意一点处位移的方法。本节将研究如何由任意一点位移求单元中任意一点处相应应变和应力的方法。

将式(4.12)代入弹性力学几何方程中得

$$
\begin{bmatrix} \varepsilon_x \\ \varepsilon_y \\ \gamma_{xy} \end{bmatrix} = \begin{bmatrix} \alpha_2 \\ \alpha_6 \\ \alpha_3 + \alpha_5 \end{bmatrix} = \begin{bmatrix} \dfrac{1}{2\Delta}(b_i u_i + b_j u_j + b_m u_m) \\ \dfrac{1}{2\Delta}(c_i v_i + c_j v_j + c_m v_m) \\ \dfrac{1}{2\Delta}[(c_i u_i + c_j u_j + c_m u_m) + (b_i v_i + b_j v_j + b_m v_m)] \end{bmatrix}
$$

或

$$
\boldsymbol{\varepsilon} = \frac{1}{2\Delta} \begin{bmatrix} b_i & 0 & \cdots & b_j & 0 & \cdots & b_m & 0 \\ 0 & c_i & \cdots & 0 & c_j & \cdots & 0 & c_m \\ c_i & b_i & \cdots & c_j & b_j & \cdots & c_m & b_m \end{bmatrix} = \begin{bmatrix} u_i \\ v_i \\ \vdots \\ u_j \\ v_j \\ \vdots \\ u_m \\ v_m \end{bmatrix} \tag{4.14a}
$$

或简写成
$$\boldsymbol{\varepsilon} = \boldsymbol{B}\boldsymbol{\delta}^e \tag{4.14b}$$

式(4.14b)就是由节点位移求单元内各点应变的公式。其转换矩阵称为单元几何矩阵,反映了单元的几何变形方面的特性,其表达式为

$$
\boldsymbol{B} = \frac{1}{2\Delta} \begin{bmatrix} b_i & 0 & \cdots & b_j & 0 & \cdots & b_m & 0 \\ 0 & c_i & \cdots & 0 & c_j & \cdots & 0 & c_m \\ c_i & b_i & \cdots & c_j & b_j & \cdots & c_m & b_m \end{bmatrix} = \begin{bmatrix} \boldsymbol{B}_i & \boldsymbol{B}_j & \boldsymbol{B}_m \end{bmatrix} \tag{4.15a}
$$

其中子阵

$$
\boldsymbol{B}_i = \frac{1}{2\Delta} \begin{bmatrix} b_i & 0 \\ 0 & c_i \\ c_i & b_j \end{bmatrix} \quad (i, j, m) \tag{4.15b}
$$

由上式可知,几何矩阵中的每项元素均可由单元的节点坐标按式(4.10)直接算出。在单元划分之后,节点的坐标值是已知的,因而其单元面积 Δ 及各个 $b_{(i,j,m)}$ 和 $c_{(i,j,m)}$ 都是常数,因此,矩阵中元素也都是常数。由此可知三角形三节点单元是常应变单元。

将式(4.14b)代入弹性力学的物理方程,其应力与应变有如下关系:

$$\boldsymbol{\sigma} = \boldsymbol{DB}\boldsymbol{\delta}^e = \boldsymbol{S}\boldsymbol{\delta}^e \tag{4.16}$$

式中, $\boldsymbol{S} = \boldsymbol{DB} = \begin{bmatrix} \boldsymbol{S}_i & \boldsymbol{S}_j & \boldsymbol{S}_k \end{bmatrix}$, $\boldsymbol{S}$ 称为应力矩阵,对于平面应力问题,其子矩阵为

$$\boldsymbol{S}_i = \frac{E}{2(1-\mu)^2 \Delta} \begin{bmatrix} b_i & \mu c_i \\ \mu b_i & c_i \\ \dfrac{1-\mu}{2} c_i & \dfrac{1-\mu}{2} b_j \end{bmatrix} \quad (i, j, m) \tag{4.17a}$$

对于平面应变问题,其子阵为

$$\boldsymbol{S}_i = \frac{E}{2(1+\mu)(1-2\mu)\Delta} \begin{bmatrix} b_i & \dfrac{\mu}{1-\mu} \\ \dfrac{\mu}{1-\mu} b_i & c_i \\ \dfrac{1-2\mu}{2(1-\mu)} c_i & \dfrac{1-2\mu}{2(1-\mu)} b_j \end{bmatrix} \quad (i, j, m) \tag{4.17b}$$

由于三角形单元内各点处的应变是常数,所以单元内的应力也是常数。该常数可以看作是单元形心处的应力值。

4.1.3　单元刚度矩阵

单元刚度矩阵研究的是单元的节点力与节点位移之间的关系。

1) 单元节点力

对于单元来说,节点力是指通过节点作用于单元的力。对于已经从整体结构中取出来的单元来说,作用在单元上的节点力就是外力。当单元节点发生位移时,这些节点力要做功,且在单元内部会引起相应的应力。

由于三角形单元节点力与节点位移是对应的,故也有 6 个分量(见图 4.2),即

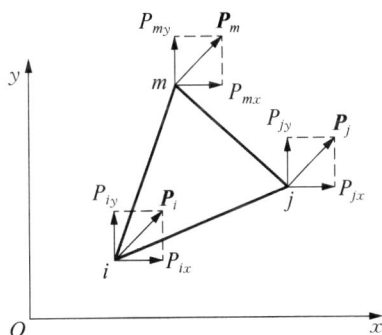

图 4.2　单元节点力分量

$$\boldsymbol{p}^e = \begin{bmatrix} \boldsymbol{p}_i & \boldsymbol{p}_j & \boldsymbol{p}_m \end{bmatrix}^{\mathrm{T}} = \begin{bmatrix} p_{ix} & p_{iy} & \cdots & p_{jx} & p_{jy} & \cdots & p_{mx} & p_{my} \end{bmatrix}^{\mathrm{T}} \tag{4.18}$$

由单元节点力引起的应力为

$$\boldsymbol{\sigma} = \begin{bmatrix} \sigma_x & \sigma_y & \tau_{xy} \end{bmatrix}^{\mathrm{T}}$$

假设单元节点和任意一点的虚位移及相应的虚应变分别为

$$(\boldsymbol{\delta\delta})^e = \begin{bmatrix} \delta u_i & \delta v_i & \cdots & \delta u_j & \delta v_j & \cdots & \delta u_m & \delta v_m \end{bmatrix}^{\mathrm{T}}$$

$$\boldsymbol{\delta f} = \begin{bmatrix} \delta u & \delta v \end{bmatrix}^{\mathrm{T}}, \quad \boldsymbol{\delta\varepsilon} = \begin{bmatrix} \delta\varepsilon_x & \delta\varepsilon_y & \delta\gamma_{xy} \end{bmatrix}^{\mathrm{T}}$$

为了推导单元的节点力与应力间的关系,应用虚位移原理,在三角形单元上的数学描述如下:单元上的节点力 $\boldsymbol{p}^e$ 在节点虚位移 $\boldsymbol{\delta\delta}^e$ 上所做的虚功 δW 等于单元的虚应变能 δU(即单元内部应力在虚应变上所做的虚功),其表达式分别为

$$\delta W = \delta u_i p_{ix} + \delta v_i p_{iy} + \delta u_j p_{jx} + \delta v_j p_{jy} + \delta u_m p_{mx} + \delta v_m p_{my} = ((\boldsymbol{\delta\delta})^e)^{\mathrm{T}} \boldsymbol{p}^e$$

$$\delta U = \int_v (\boldsymbol{\delta\varepsilon})^{\mathrm{T}} \boldsymbol{\sigma} \, \mathrm{d}V = \iint (\boldsymbol{\delta\varepsilon}) \boldsymbol{\sigma} t \, \mathrm{d}x \, \mathrm{d}y$$

根据虚功原理,可得

$$((\boldsymbol{\delta\delta})^e)^{\mathrm{T}} \boldsymbol{p}^e = \iint (\boldsymbol{\delta\varepsilon})^{\mathrm{T}} \boldsymbol{\sigma} t \, \mathrm{d}x \, \mathrm{d}y \tag{4.19}$$

上式单元的虚应变 $\boldsymbol{\delta\varepsilon}$,可以写成

$$(\boldsymbol{\delta\varepsilon}) = (\boldsymbol{B})(\boldsymbol{\delta\delta})^e$$

或

$$(\boldsymbol{\delta\varepsilon})^{\mathrm{T}} = ((\boldsymbol{\delta\delta})^e)^{\mathrm{T}} \boldsymbol{B}^{\mathrm{T}}$$

将 $(\boldsymbol{\delta\varepsilon})^{\mathrm{T}}$ 的表达式代入式(4.19),并考虑到虚位移 $(\boldsymbol{\delta\delta})^e$ 的任意性,可以在等号两边同时消去,得

$$\boldsymbol{p}^e = \iint \boldsymbol{B}^{\mathrm{T}} \boldsymbol{\sigma} t \, \mathrm{d}x \, \mathrm{d}y \tag{4.20a}$$

对于常应变三角形单元,上式中的 $\boldsymbol{B}$ 和 $\boldsymbol{\sigma}$ 均为常数。如果单元厚度 t 也为常数,则上式可写成

$$\boldsymbol{p}^e = \boldsymbol{B}^{\mathrm{T}} \boldsymbol{\sigma} t \iint \mathrm{d}x \, \mathrm{d}y = \boldsymbol{B}^{\mathrm{T}} \boldsymbol{\sigma} t \Delta \tag{4.20b}$$

式中

$$\Delta = \iint \mathrm{d}x \, \mathrm{d}y$$

式(4.20a)或式(4.20b)就是单元应力与单元节点力间的关系式。

2）单元刚度矩阵

将式(4.14b)和式(4.16)代入式(4.20a)中,在不计初应变时,得

$$p^e = \iint \boldsymbol{B}^\mathrm{T} \boldsymbol{D} \boldsymbol{\varepsilon} t \, \mathrm{d}x \, \mathrm{d}y = \iint \boldsymbol{B}^\mathrm{T} \boldsymbol{D} \boldsymbol{B} \boldsymbol{\delta}^e t \, \mathrm{d}x \, \mathrm{d}y \tag{4.21a}$$

或写成

$$p^e = k^e \boldsymbol{\delta}^e \tag{4.21b}$$

式中

$$k^e = \iint \boldsymbol{B}^\mathrm{T} \boldsymbol{D} \boldsymbol{B} t \, \mathrm{d}x \, \mathrm{d}y \tag{4.22a}$$

或

$$k^e = \boldsymbol{B}^\mathrm{T} \boldsymbol{D} \boldsymbol{B} t \Delta \tag{4.22b}$$

式(4.21b)表征了单元的节点力与节点位移之间的转换关系。其转换矩阵 $\boldsymbol{k}^e$ 称为单元刚度矩阵,简称单刚。

将式(4.15b)代入式(4.22b)中,得

$$\boldsymbol{k}^e = \begin{bmatrix} k_{ii} & k_{ij} & k_{im} \\ k_{ji} & k_{jj} & k_{jm} \\ k_{mi} & k_{mj} & k_{mm} \end{bmatrix}_{6 \times 6} \tag{4.23}$$

上述各子矩阵均为 2×2 阶方阵。所以 $\boldsymbol{k}^e$ 为 6×6 阶方阵。

为了统一计算格式,可以将式(4.23)中的子阵写成 $(\boldsymbol{k}_{rs})_{2 \times 2}$,其表达式为

$$\boldsymbol{k}_{rs} = \boldsymbol{B}_r^\mathrm{T} \boldsymbol{D} \boldsymbol{B}_s t \Delta$$

$$= \frac{Et}{4(1 - \mu^2)\Delta} \begin{bmatrix} b_r b_s + \dfrac{1-\mu}{2} c_r c_s & \mu b_r c_s + \dfrac{1-\mu}{2} c_r b_s \\ \mu c_r b_s + \dfrac{1-\mu}{2} b_r c_s & c_r c_s + \dfrac{1-\mu}{2} b_r b_s \end{bmatrix} \quad (r, s = i, j, m)$$

对于平面应变问题,则得

$$\boldsymbol{k}_{rs} = \frac{E(1-\mu)t}{4(1+\mu)(1-2\mu)\Delta}$$

$$\begin{bmatrix} b_r b_s + \dfrac{1-2\mu}{2(1-\mu)} c_r c_s & \dfrac{\mu}{1-\mu} b_r c_s + \dfrac{1-2\mu}{2(1-\mu)} c_r b_s \\ \dfrac{\mu}{1-\mu} c_r b_s + \dfrac{1-2\mu}{2(1-\mu)} b_r c_s & c_r c_s + \dfrac{1-2\mu}{2(1-\mu)} b_r b_s \end{bmatrix} \quad (r, s = i, j, m)$$

将式(4.23)代入式(4.21b)中,得到有限元位移法单元特性分析的基本方程为

$$\begin{bmatrix} \boldsymbol{p}_i \\ \vdots \\ \boldsymbol{p}_j \\ \vdots \\ \boldsymbol{p}_m \end{bmatrix} = \begin{bmatrix} k_{ii} & \cdots & k_{ij} & \cdots & k_{im} \\ \vdots & & \vdots & & \vdots \\ k_{ji} & \cdots & k_{jj} & \cdots & k_{jm} \\ \vdots & & \vdots & & \vdots \\ k_{mi} & \cdots & k_{mj} & \cdots & k_{mm} \end{bmatrix} \begin{bmatrix} \boldsymbol{\delta}_i \\ \vdots \\ \boldsymbol{\delta}_j \\ \vdots \\ \boldsymbol{\delta}_m \end{bmatrix} \qquad (4.24)$$

将式(4-24)展开,可得

$$\left. \begin{aligned} [p_i] &= k_{ii}\boldsymbol{\delta}_i + k_{ij}\boldsymbol{\delta}_j + k_{im}\boldsymbol{\delta}_m \\ [p_j] &= k_{ji}\boldsymbol{\delta}_i + k_{jj}\boldsymbol{\delta}_j + k_{jm}\boldsymbol{\delta}_m \\ [p_m] &= k_{mi}\boldsymbol{\delta}_i + k_{mj}\boldsymbol{\delta}_j + k_{mm}\boldsymbol{\delta}_m \end{aligned} \right\} \qquad (4.25)$$

式中,$\boldsymbol{p}_i$ 表示 i 节点上各节点力分量组成的列阵;$\boldsymbol{\delta}_i$ 表示 i 节点上各位移分量组成的列阵;k_{ij} 表示 j 节点产生单位位移(其他节点位移为 0)时,在 i 节点上所需施加的节点力。第一个下标表示节点力的位置,也表示该子阵在 $\boldsymbol{k}^e$ 中所处的行;第二个下标表示节点位移的位置,也表示该子阵在 $\boldsymbol{k}^e$ 中所处的列。

由上述分析可知,式(4.25)具有明显的物理意义,它表明当三角形单元的 3 个节点各产生位移列阵 $\boldsymbol{\delta}_i$,$\boldsymbol{\delta}_j$,$\boldsymbol{\delta}_m$ 时,在 i,j,m 节点所需施加的节点力。

4.1.4　整体刚度矩阵的组集

用有限元法分析结构的工作包括两大部分:一是单元特性分析;二是整体结构特性分析。用位移法对结构进行特性分析时,其主要内容是建立整体刚度矩阵或结构刚度矩阵,简称总刚,以便建立结构的载荷列阵与结构的节点位移列阵的关系。

在建立整体刚度矩阵之前,先分析单元的节点力与节点位移的关系,为此取出式(4.25)中的第二行进行分析,即

$$\boldsymbol{p}_j = k_{ij}\boldsymbol{\delta}_i + k_{ij}\boldsymbol{\delta}_j + k_{jm}\boldsymbol{\delta}_m$$

上式说明,任一单元中第 j 节点上的节点力等于该单元各方向的节点位移在节点 j 上所引起的节点力的叠加,这是指一个单元对一个节点的节点力,而在整体结构中一个节点往往为几个单元所共有,因而这个节点上的节点力就应该是共有这个节点的几个单元的所有节点位移在该节点上引起的节点力的叠加。

为了叙述方便,称同一单元上的节点为相关节点,该单元为相关单元。通过图 4.3 的例子,可以说明整体刚度矩阵的组集方法。图 4.3 为一等厚度的三角板,离散为 4 个相等的三角形单元,节点及单元均已编号。在节点 1,2,4 上有水平支

承,在节点 4,5,6 上有垂直支承,而且在节点 1,3 上作用有载荷。

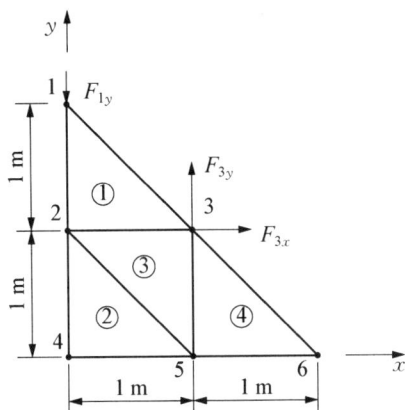

图 4.3　等厚度板的离散化

若暂不考虑节点的支承及载荷,则每个节点应有两个位移分量和两个节点力分量,整体结构共有 12 个节点位移分量及 12 个节点力分量,其间的转换关系可表示为

$$\boldsymbol{P} = \begin{bmatrix} \boldsymbol{P}_1 \\ \boldsymbol{P}_2 \\ \boldsymbol{P}_3 \\ \boldsymbol{P}_4 \\ \boldsymbol{P}_5 \\ \boldsymbol{P}_6 \end{bmatrix} = \begin{bmatrix} K_{11} & K_{12} & K_{13} & K_{14} & K_{15} & K_{16} \\ K_{21} & K_{22} & K_{23} & K_{24} & K_{25} & K_{26} \\ K_{31} & K_{32} & K_{33} & K_{34} & K_{35} & K_{36} \\ K_{41} & K_{42} & K_{43} & K_{44} & K_{45} & K_{46} \\ K_{51} & K_{52} & K_{53} & K_{54} & K_{55} & K_{56} \\ K_{61} & K_{62} & K_{63} & K_{64} & K_{65} & K_{66} \end{bmatrix} \begin{bmatrix} \delta_1 \\ \delta_2 \\ \delta_3 \\ \delta_4 \\ \delta_5 \\ \delta_6 \end{bmatrix} \quad (4.26)$$

式中, $\boldsymbol{P}_i = \begin{bmatrix} P_{ix} & P_{iy} \end{bmatrix}^{\mathrm{T}} \quad (i = 1, 2, \cdots, 6)$

$$\boldsymbol{\delta}_i = \begin{bmatrix} u_i & v_i \end{bmatrix}^{\mathrm{T}} \quad (i = 1, 2, \cdots, 6)$$

$$\boldsymbol{K}_{ij} = \begin{bmatrix} K_{2i-1, 2j-1} & K_{2i-1, 2j} \\ K_{2i, 2j-1} & K_{2i, 2j} \end{bmatrix} \quad (i = 1, 2, \cdots, 6)$$

式(4.26)可简写成

$$\boldsymbol{P} = \boldsymbol{K}\boldsymbol{\delta}$$

式中, $\boldsymbol{P}$——整体结构节点载荷列阵;

$\boldsymbol{\delta}$——整体结构节点位移列阵;

$\boldsymbol{K}$——整体刚度矩阵或总刚。

整体刚度矩阵的形成规则或方法可以简述如下。

1) 按单元形成整体刚度矩阵

首先将整体刚度矩阵充零,然后从第一个单元开始,求出单元刚度矩阵。以图 4.3 为例,依次求出各单元的刚度矩阵,分别列于表 4.2。将每个单元刚度矩阵的子阵 k_{rs} 按其下标所代表的行和列依次分别送到整体刚度矩阵的相应位置上,直至最后一个单元。在同一位置上有几个单元的,就将它们进行叠加,得到在该位置上的整体刚度矩阵的子阵,便形成了整体刚度矩阵。

表 4.2 各单元刚度矩阵

单元号	①	②	③	④
节点号	i, j, m	i, j, m	i, j, m	i, j, m
	1, 2, 3	2, 4, 5	2, 5, 3	3, 5, 6
k^e	$\begin{bmatrix} K_{11} & K_{12} & K_{13} \\ K_{21} & K_{22} & K_{23} \\ K_{22} & K_{32} & K_{33} \end{bmatrix}$	$\begin{bmatrix} K_{22} & K_{24} & K_{25} \\ K_{42} & K_{44} & K_{45} \\ K_{52} & K_{54} & K_{55} \end{bmatrix}$	$\begin{bmatrix} K_{22} & K_{25} & K_{23} \\ K_{52} & K_{55} & K_{53} \\ K_{32} & K_{35} & K_{33} \end{bmatrix}$	$\begin{bmatrix} K_{33} & K_{35} & K_{36} \\ K_{53} & K_{55} & K_{56} \\ K_{63} & K_{65} & K_{66} \end{bmatrix}$

依此类推,就形成整体刚度矩阵 $\boldsymbol{K}$。如下式所示,即

$$
\boldsymbol{K} = \begin{bmatrix}
k_{11}^{①} & k_{12}^{①} & k_{13}^{①} & 0 & 0 & 0 \\
k_{21}^{①} & k_{22}^{①+②+③} & k_{23}^{①+③} & k_{24}^{②} & k_{25}^{②+③} & 0 \\
k_{31}^{①} & k_{32}^{①+③} & k_{33}^{①+③+④} & 0 & k_{35}^{③+④} & k_{36}^{④} \\
0 & k_{42}^{②} & 0 & k_{44}^{②} & k_{45}^{②} & 0 \\
0 & k_{52}^{②+③} & k_{53}^{③+④} & k_{54}^{②} & k_{55}^{②+③+④} & k_{56}^{④} \\
0 & 0 & k_{63}^{④} & 0 & k_{65}^{④} & k_{66}^{④}
\end{bmatrix}
$$

$$
= \begin{bmatrix}
K_{11} & K_{12} & K_{13} & K_{14} & K_{15} & K_{16} \\
K_{21} & K_{22} & K_{23} & K_{24} & K_{25} & K_{26} \\
K_{31} & K_{32} & K_{33} & K_{34} & K_{35} & K_{36} \\
K_{41} & K_{42} & K_{43} & K_{44} & K_{45} & K_{46} \\
K_{51} & K_{52} & K_{53} & K_{54} & K_{55} & K_{56} \\
K_{61} & K_{62} & K_{63} & K_{64} & K_{65} & K_{66}
\end{bmatrix} \tag{4.27}
$$

2) 按节点形成整体刚度矩阵

从节点 1 开始,检查该节点与哪几个节点相关,凡是与其相关的节点,在整体

刚度矩阵中就有相应的子阵。例如,对于节点 r,若节点 s 与其相关,则整体刚度矩阵中必有子阵 $\boldsymbol{k}_{rs}$。然后再检查哪几个单元与这两个节点相关,并将相关单元刚度矩阵中相应的子阵叠加起来,形成整体刚度矩阵中 r 行 s 列的子阵。若节点 s 与节点 r 不相关,则 $\boldsymbol{k}_{rs}$ 为零矩阵,依此类推,就形成整体刚度矩阵 $\boldsymbol{k}$。

应该指出,对于二维问题,整体刚度矩阵中的每个子阵 $\boldsymbol{k}_{rs}$ 是 2×2 阶矩阵,所以如果整个结构分割为 n 个节点时,则整体刚度矩阵的阶数应该是 $2n \times 2n$ 阶。图 4.3 所示的模型由于 $n = 6$,因此整体刚度矩阵的阶数应为 12×12,即 $\boldsymbol{k}_{12 \times 12}$。

4.1.5　等效节点载荷

1) 非节点载荷向节点的移置

有限元法分析认为单元与单元之间仅通过节点相互连接,相互作用力是通过节点传递的,并以节点处力的平衡条件建立平衡方程。所以,在整体结构离散化的过程中,对于不直接作用在节点上的外载荷,必须向节点移置。此外载荷称为节点外力或称为等效节点载荷。

外载荷向节点移置的基本原则是能量等效原则,即作用在单元上的原载荷与移置后的节点外力在单元相对应的虚位移上所做的虚功相等。

(1) 集中力。

一般而言,在划分单元时应尽量在集中力作用点处布置节点,否则就需要将集中力移置节点上去,成为等效节点载荷或等效节点力。

设单元的 ijm 边上一点 $E(x, y)$ 处作用有集中力 R(沿 x 轴方向),jm 边长度为 l_{jm},E 点距 j,m 的距离分别为 l_j 和 l_m,如图 4.4 所示。作用在单元边界上的集中力写成通式为

$$\boldsymbol{R} = \begin{bmatrix} R_x & R_y \end{bmatrix}^{\mathrm{T}} = \begin{bmatrix} R_x & 0 \end{bmatrix}^{\mathrm{T}}$$

移置单元各节点上的等效节点载荷向量为

$$\boldsymbol{F}_R^e = \begin{bmatrix} F_{ix} & F_{iy} & F_{jx} & F_{jy} & F_{mx} & F_{my} \end{bmatrix}_R^{\mathrm{T}}$$

设单元发生一微小虚位移,其集中力作用点 E 相应的虚位移为

$$\boldsymbol{\delta f} = \begin{bmatrix} \delta_u & \delta_v \end{bmatrix}^{\mathrm{T}}$$

各节点的相应虚位移为

$$(\boldsymbol{\delta \delta})^e = \begin{bmatrix} \delta u_i & \delta v_i & \delta u_j & \delta v_j & \delta u_m & \delta v_m \end{bmatrix}^{\mathrm{T}}$$

根据虚功原理则有

$$((\boldsymbol{\delta\delta})^e)^{\mathrm{T}}\boldsymbol{F}_R^e = \boldsymbol{\delta f}^{\mathrm{T}}\boldsymbol{R} \tag{4.28}$$

单元上任一点处的虚位移与单元节点虚位移之间有下列关系,即

$$\boldsymbol{\delta f} = \boldsymbol{N}(\boldsymbol{\delta\delta})^e$$

可得

$$(\boldsymbol{\delta\delta}^e)^{\mathrm{T}}\boldsymbol{F}_R^e = (\boldsymbol{N}(\boldsymbol{\delta\delta})^e)^{\mathrm{T}}\boldsymbol{R} \tag{4.29}$$

由于节点虚位移是任意的,可以从等式两边同时消去,则式(4.29)可写成

$$\boldsymbol{F}_R^e = \boldsymbol{N}^{\mathrm{T}}\boldsymbol{R} \tag{4.30}$$

上式也可以写成

$$\boldsymbol{F}_R^e = \begin{bmatrix} \boldsymbol{F}_i \\ \boldsymbol{F}_j \\ \boldsymbol{F}_m \end{bmatrix}_R^e = \begin{bmatrix} N_i\boldsymbol{R} \\ N_j\boldsymbol{R} \\ N_m\boldsymbol{R} \end{bmatrix} \tag{4.31a}$$

式中

$$(\boldsymbol{F}_i)_R^e = \begin{bmatrix} F_{ix} \\ F_{ix} \end{bmatrix}_R^e = \begin{bmatrix} N_iR_x \\ N_iR_y \end{bmatrix} \qquad (i,j,m) \tag{4.31b}$$

图 4.4 所示的模型中,$R_y = 0$,所以由式(4.31)得

$$(F_{iy})_R = (F_{iy})_R = (F_{my})_R = 0$$

又由于

$$\Delta = 0$$

则 $L_i = N_i = \Delta_i/\Delta = 0$,而 $L_j = N_j = \Delta_j/\Delta = l_m/l_{jm}$,$L_m = N_m = \Delta_m/\Delta = l_j/l_{jm}$
将上述关系式代入式(4.31)中,得

$$(F_{ix})_R = N_iR_x = 0$$
$$(F_{jx})_R = N_jR_x = (l_m/l_{jm})R_x$$
$$(F_{mx})_R = N_mR_x = (l_j/l_{jm})R_x$$

于是将图 4.4 所示的集中力移置 i,j,m 节点上,得到的等效节点荷载向量为

$$\boldsymbol{F}_R^e = \begin{bmatrix} 0 & 0 & \dfrac{l_m}{l_{im}}R_x & 0 & \dfrac{l_j}{l_{im}}R_x & 0 \end{bmatrix}^{\mathrm{T}}$$

(2) 面力。

面力是作用在弹性体表面上的力,例如气动力、流体压强等。在结构离散化

时,规定边界单元只有一条边在求解区域的边界上。为了使计算格式统一,则规定单元的 jm 边在求解区域的边界上。例如图 4.5 所示的边界单元 ijm 在 jm 边上承受均布的燃气压强 q。下面分析面力向单元节点的移置问题。

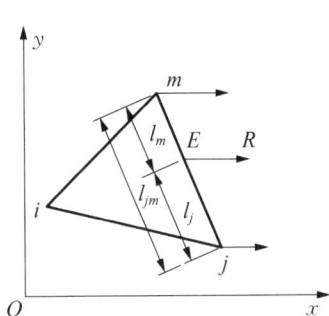

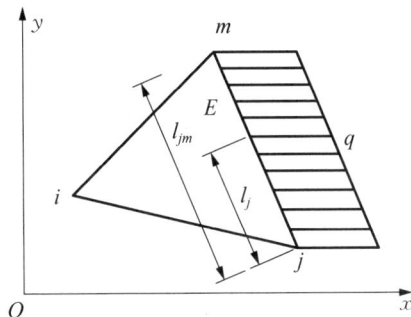

图 4.4　集中力向节点的移置　　　图 4.5　面力向节点的移置

将面力写成通式为

$$q = \begin{bmatrix} q_x & q_y \end{bmatrix}^\mathrm{T}$$

对于图 4.5 所示的模型为

$$q = \begin{bmatrix} q_x & 0 \end{bmatrix}^\mathrm{T}$$

将微元面积 $\mathrm{d}S(=t\,\mathrm{d}l)$ 上的面力 $q\mathrm{d}S$ 视为集中力,利用式(4.31)并积分,可得单元的等效节点载荷向量(或等效节点力向量)为

$$F_q^e = \begin{bmatrix} F_i \\ F_j \\ F_m \end{bmatrix}_q^e = \begin{bmatrix} \int N_i q t\,\mathrm{d}t \\ \int N_j q t\,\mathrm{d}t \\ \int N_m q t\,\mathrm{d}t \end{bmatrix} \qquad (4.32)$$

式中

$$F_{iq}^e = \begin{bmatrix} F_{ix} \\ F_{iy} \end{bmatrix}_q^e = \begin{bmatrix} \int_{l_{jm}} N_i q_x t\,\mathrm{d}l \\ \int_{l_{jm}} N_i q_y t\,\mathrm{d}l \end{bmatrix} \qquad (i,j,m) \qquad (4.33)$$

而 t 为 jm 边的厚度,是常量;l_{jm} 为 jm 边的边长;$\mathrm{d}l$ 为微元长度。

由图 4.5 可知,在 jm 边上任意一点 E 的面积坐标或形函数为

$$N_i = L_i = \frac{\dot{\Delta}_i}{\Delta} = 0, \ N_j = L_j = \frac{\Delta_j}{\Delta} = \frac{l_{jm} - l_j}{l_{jm}} = 1 - \frac{l_j}{l_{im}}, \ N_m = L_m = \frac{\Delta_m}{\Delta} = \frac{l_j}{l_{jm}}$$

将上式代入式(4.33)，并考虑到 $q_y = 0$，得

$$(F_{ix})_q = t \int_{l_{jm}} 0 \mathrm{d}l = 0; \qquad\qquad (F_{iy})_q = 0$$

$$(F_{jx})_q = t \int_{l_{jm}} \left(1 - \frac{l_j}{l_{jm}}\right) q_x \mathrm{d}l; \quad (F_{jy})_q = 0$$

$$(F_{mx})_q = t \int_{l_{jm}} \frac{l_j}{l_{jm}} q_x \mathrm{d}l; \qquad\qquad (F_{my})_q = 0$$

可知

$$\boldsymbol{F}_q^e = \begin{bmatrix} 0 & 0 & t\int_{l_{jm}}\left(1-\dfrac{l_j}{l_{jm}}\right)q_x\mathrm{d}l & 0 & t\int_{l_{jm}}\dfrac{l_j}{l_{jm}}q_x\mathrm{d}l & 0 \end{bmatrix} \qquad (4.34)$$

式中

$$q_x = q$$

(3) 体力。

体力是分布在弹性体整个体积内的力。设有一均质等厚度的三角形单元 ijm，其形心 E 处作用有重力载荷 g，如图 4.6 所示。体力写成向量的形式为 $\boldsymbol{g} = \begin{bmatrix} g_x & g_y \end{bmatrix}^{\mathrm{T}}$。由于 $g_x = 0$，所以 $g_y = g$。

可将微元体 $t\mathrm{d}x\mathrm{d}y$ 上的体力 $gt\mathrm{d}x\mathrm{d}y$ 视为集中力，利用式(4.34)并积分，可求得单元的等效节点载荷向量（或等效节点力向量）为

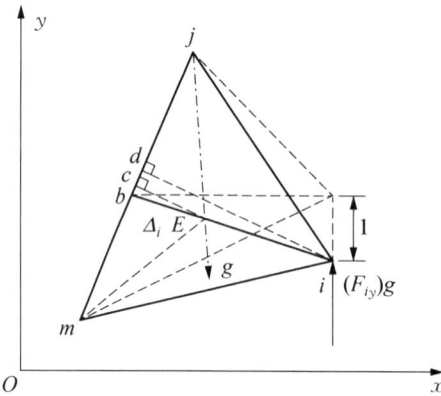

图4.6 体力向节点的移置

$$\boldsymbol{F}_g^e = \begin{bmatrix} \boldsymbol{F}_i \\ \boldsymbol{F}_j \\ \boldsymbol{F}_m \end{bmatrix}_g^e = \begin{bmatrix} \iint N_i \boldsymbol{g} t \,\mathrm{d}x\,\mathrm{d}y \\ \iint N_j \boldsymbol{g} t \,\mathrm{d}x\,\mathrm{d}y \\ \iint N_m \boldsymbol{g} t \,\mathrm{d}x\,\mathrm{d}y \end{bmatrix} \qquad (4.35)$$

式中，

$$\boldsymbol{F}_g^e = \begin{bmatrix} F_{ix} \\ F_{iy} \end{bmatrix}_g^e = \begin{bmatrix} \iint N_i g_x t\,\mathrm{d}x\,\mathrm{d}y \\ \iint N_i g_y t\,\mathrm{d}x\,\mathrm{d}y \end{bmatrix} \tag{4.36}$$

在图 4.6 所示的模型中,体力移置各节点上的等效节点载荷为

$$(F_{iy})_g = \iint N_i g_y t\,\mathrm{d}x\,\mathrm{d}y = -\frac{1}{3}tg\iint \mathrm{d}x\,\mathrm{d}y = -\frac{t\Delta}{3}g$$

同理得

$$(F_{iy})_g = (F_{my})_g = -\frac{t\Delta}{3}g$$

将上述各节点等效节点载荷向量代入式(4.35)中,可得单元等效节点载荷向量为

$$\boldsymbol{F}_g^e = \left(0 \quad -\frac{t\Delta}{3}g \quad 0 \quad -\frac{t\Delta}{3}g \quad 0 \quad -\frac{t\Delta}{3}g \quad \right)^{\mathrm{T}}$$

2) 整体结构载荷列阵

整体结构非节点载荷的移置问题是在单元非节点载荷向节点移置的基础上进行的,也就是在单元等效节点载荷的计算基础上进行的。

假如将结构分割为 n_e 个单元、n 个节点,则式(4.26)的左端列阵可以写成

$$\boldsymbol{P} = \sum_{e=1}^{n_e} (\boldsymbol{F}_R^e + \boldsymbol{F}_q^e + \boldsymbol{F}_g^e) = \sum_{e=1}^{n_e} \boldsymbol{p}^e = \boldsymbol{F}_R + \boldsymbol{F}_q + \boldsymbol{F}_g$$

式中

$$\boldsymbol{F}_R^e = \boldsymbol{N}^{\mathrm{T}}\boldsymbol{R}, \ \boldsymbol{F}_q^e = \int \boldsymbol{N}^{\mathrm{T}}\boldsymbol{q}t\,\mathrm{d}l, \ \boldsymbol{F}_g^e = \iint \boldsymbol{N}^{\mathrm{T}}\boldsymbol{g}t\,\mathrm{d}x\,\mathrm{d}y$$

$$\left.\begin{aligned} \boldsymbol{F}_R &= \sum_{e=1}^{n_e} \boldsymbol{F}_R^e = [F_1 \quad F_2 \quad \cdots \quad F_n]_R^{\mathrm{T}} \\ \boldsymbol{F}_q &= \sum_{e=1}^{n_e} \boldsymbol{F}_q^e = [F_1 \quad F_2 \quad \cdots \quad F_n]_q^{\mathrm{T}} \\ \boldsymbol{F}_g &= \sum_{e=1}^{n_e} \boldsymbol{F}_g^e = [F_1 \quad F_2 \quad \cdots \quad F_n]_g^{\mathrm{T}} \end{aligned}\right\}$$

$$\boldsymbol{p}^e = \boldsymbol{F}_R^e + \boldsymbol{F}_q^e + \boldsymbol{F}_g^e$$

至此,式(4.26)中的 $\boldsymbol{P}$, $\boldsymbol{K}$ 均可求得,只要将方程组进行约束处理,就可以求

得 $\boldsymbol{\delta}$,进而求得单元的应变和应力。

4.1.6 边界条件的处理

求得整体刚度矩阵和整体结构节点载荷列阵后还不能立即求解,因为在建立整体刚度矩阵时,认为结构不受外界约束,是一个自由体,结构具有刚体位移,在数学上称为奇异矩阵,所以这样的刚度方程不可能有确定的解答。要使刚度方程有唯一解,必须消除结构的刚体位移,即必须代入几何边界条件以限制刚体位移。

同一个受外载的结构,在不同的约束条件下,求得的结果是会大不相同的。正确地引入几何边界条件,就能真实地反映结构的实际受力状态,获得较高的计算精度。因此,在求解刚度方程(也称为线性代数方程组)时,正确地处理几何边界条件是个重要而又复杂的问题。

1) 边界约束情况

结构的约束情况可分为如下几种:

(1) 基础支承结构。

大多数结构支承在某些基础上,则在结构与基础相连的节点上,某一个方向的自由度受到约束,故节点在该方向上的位移为 0。如发动机支承在刚性很大的试验台架上,约束了垂直于轴线方向的自由度,则其相应节点在该方向的位移即为 0。

(2) 具有对称轴的结构。

当结构和载荷均与某个坐标轴对称时,可按对称轴剖分此结构,可只计算其 1/2 或 1/4 网格。但要施加由对称性而产生的约束条件,即在对称轴的节点上加画垂直于对称轴的铰支座来约束,以限制在垂直于对称轴方向上的位移。

(3) 具有给定位移边界结构。

零位移约束是给定位移约束的特例,工程上零位移约束的情况较多。

上述 3 种约束条件均可限制结构的刚体位移,因而引入上述几何边界条件后,就可以求解结构的刚度方程,且其解是唯一的。

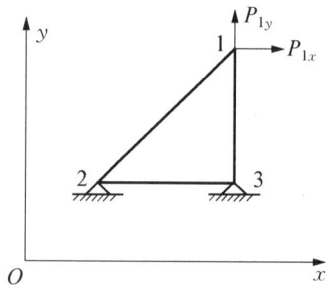

图 4.7 边界位移为 0 的处理方法

2) 几何边界条件的处理方法

将几何边界条件引入到结构方程中去,经常使用的边界条件的处理方法如下。

(1) 预定边界位移为 0 的处理方法。

为了说明这个问题,举一个最简单的例子。假设结构只划分为一个单元,如图 4.7 所示。在节点 2 和 3 均有平面铰支座支承,则有 $u_2 = v_2 = u_3 = v_3 = 0$ 的零位移边界条件。

由于结构只有一个单元,显然,结构的刚度方程就是单元的刚度方程(4.24),考虑到载荷情况及约束情况,式(4.24)可以写成

$$
\begin{bmatrix} P_{1x} \\ P_{1y} \\ P_{2x} \\ P_{2y} \\ P_{3x} \\ P_{3y} \end{bmatrix} = \begin{bmatrix} K_{11} & K_{12} & K_{13} & K_{14} & K_{15} & K_{16} \\ K_{21} & K_{22} & K_{23} & K_{24} & K_{25} & K_{26} \\ K_{31} & K_{32} & K_{33} & K_{34} & K_{35} & K_{36} \\ K_{41} & K_{42} & K_{43} & K_{44} & K_{45} & K_{46} \\ K_{51} & K_{52} & K_{53} & K_{54} & K_{55} & K_{56} \\ K_{61} & K_{62} & K_{63} & K_{64} & K_{65} & K_{66} \end{bmatrix} \begin{bmatrix} u_1 \\ v_1 \\ 0 \\ 0 \\ 0 \\ 0 \end{bmatrix} \tag{4.37a}
$$

在式(4.37a)中要求的基本未知量是位移 u_1 和 v_1,这样只需将上述方程的前两行抽出即可得到解答,即

$$
P_{1x} = K_{11}u_1 = K_{12}v_1
$$
$$
P_{1y} = K_{21}u_1 = K_{22}v_1
$$

或写成

$$
\begin{bmatrix} P_{1x} \\ P_{1y} \end{bmatrix} = \begin{bmatrix} K_{11} & K_{12} \\ K_{21} & K_{22} \end{bmatrix} \begin{bmatrix} u_1 \\ v_1 \end{bmatrix} \tag{4.37b}
$$

为了便于编写计算机程序,希望矩阵仍保留原结构刚度矩阵的阶数和排列顺序(而式(4.37b)的阶数比原矩阵阶数降低了),为此可将式(4.37a)做些修改,即首先改变整体刚度矩阵,将其中与零位移相对应的行和列的主对角线元素改为 1,其他元素改为 0。在载荷向量中与零位移相对应的向量也改为 0。经过这样修改后所得结果与式(4.37b)相同,但却保持整体刚度方程原有的阶数和排列顺序。

$$
\begin{bmatrix} P_{1x} \\ P_{1y} \\ 0 \\ 0 \\ 0 \\ 0 \end{bmatrix} = \begin{bmatrix} K_{11} & K_{12} & 0 & 0 & 0 & 0 \\ K_{21} & K_{22} & 0 & 0 & 0 & 0 \\ 0 & 0 & 1 & 0 & 0 & 0 \\ 0 & 0 & 0 & 1 & 0 & 0 \\ 0 & 0 & 0 & 0 & 1 & 0 \\ 0 & 0 & 0 & 0 & 0 & 1 \end{bmatrix} \begin{bmatrix} u_1 \\ v_1 \\ u_2 \\ v_2 \\ u_3 \\ v_3 \end{bmatrix} \tag{4.38}
$$

(2) 某一节点位移为已知值的处理方法。

设结构有 n 个节点,并设 n 节点的水平位移分量 $u_n = b$(已知值),为了满足这一几何边界条件,我们对整体刚度方程(4.27)中的第 $2n-1$ 个方程(与 u_n 相对应)

做如下修改,即把与 u_n 相对应的整体刚度矩阵中的主对角线元素 $K_{2n-1,2n-1}$ 加上一个大数 A,例如 $A=10^{20}$ 或 10^{30} 等。再将左端载荷列阵中与已知位移 u_n 相对应的载荷 P_{2n-1} 换成 $A \times b$。这样原来的第 $2n-1$ 个方程为

$$K_{2n-1,1}u_1 + K_{2n-1,2}v_1 + \cdots + K_{2n-1,2n-1}u_n + K_{2n-1,2n}v_n = P_{2n-1}$$

按如上所说方法处理后,第 $2n-1$ 个方程变为

$$K_{2n-1,1}u_1 + K_{2n-1,2}v_1 + \cdots + (A + K_{2n-1,2n-1})u_n + K_{2n-1,2n}v_n = A \times b$$

上式两端均除以 A,由于 A 是特大的数,所以有

$$\frac{K_{2n-1,1}}{A} = \frac{K_{2n-1,2}}{A} = \cdots = \frac{K_{2n-1,2n}}{A} \approx 0$$

故可得 $u_n \approx b$,满足了给定约束条件。这种处理方法的优点是明显的,它只要求对有关的主对角元素和左端项载荷列阵进行改写就可以了。要计算支反力也比方法(1)容易,可将原方程式与修改后的方程式相减,得

$$P_{2n-1} = A(b - u_n)$$

式中,u_n 是由修改后的方程组算出的位移,其值与 b 很接近。由上述式子可求出 P_{2n-1} 支反力。

4.2　船体结构模型的简化处理

对船体结构进行有限元分析,必须先建立有限元模型。它是由技术人员根据船舶结构形式、受力情况和精度要求计算的最终目标。船体结构是非常复杂的,这就决定了其三维有限元模型的建立是一项非常繁重而艰巨的工作,因此技术人员往往需要根据船舶结构的特点对模型进行简化处理。结构模型简化处理主要解决两方面问题:从总体上如何利用结构受力特点尽可能应用简化的模型以减少自由度;在局部,要解决不同类型单元的连接和由于特殊构造引起的总刚方程的奇异问题。一般而言,在结构处理模型化中可以采用如下几方面措施。

4.2.1　结构对称性的利用

利用结构对称性可以大大减少自由度数目,使大型结构分析易于实现,节省机时,因此有很大实用价值。对称面上的构件如中内龙骨、中间甲板纵桁等的惯性矩和断面积应取一半进行计算。

例：船体舱段结构可沿纵中剖面切开，只计算一半，如图 4.8 所示。在对称面上节点施加约束条件 $u_y = 0$，$\theta_x = 0$。

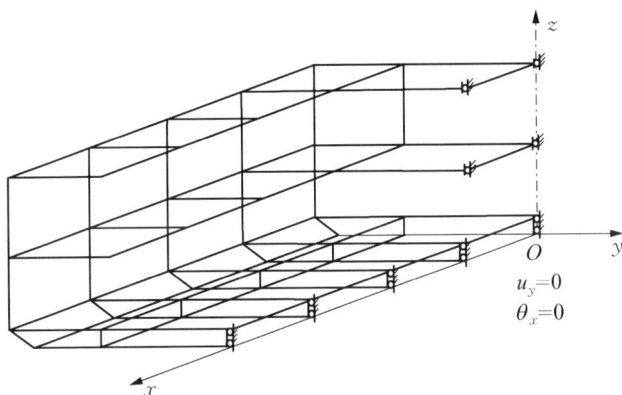

图 4.8　半个舱段结构

4.2.2　等效刚度模型

在船体结构计算中的等效刚度模型中较为典型的有"相当梁单元"和用弹性支座或弹性固定代替某些构件或结构的应用。"相当梁单元"即把立体舱段结构压扁，形成一个相当于"平面板架"的结构，即把舱段内的纵横舱壁、宽肋骨和船侧壳板等折算成位于船底板架平面的"相当梁单元"，如图 4.9 所示。

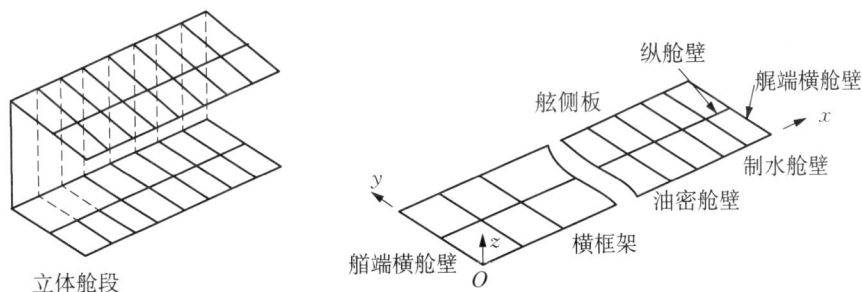

图 4.9　平面板架模型

不难看出，把垂向尺度很大的构件压缩成平面梁单元显然是十分粗糙的。但在初步方案设计阶段或者为了确定强框架上的作用力，这个计算模型是十分方便的。它不能用作比较精密的结构分析模型。

此外，带有附连翼板的主加强材用梁元、小的加强材也可以合并起来用梁元代替。梁元的理论轴线取在实际加强材的中心线上。板架承受垂直载荷作用,在某些情况下,边界还能发挥力矩和指定位移的作用。具体计算时,不同的舱段部位和范围有不同的折算刚度。

在船体结构中用弹性支座或弹性固定代替某些构件或结构的应用较为普遍,因为船体结构中各构件的相互作用实际上都是弹性的。

例:散装货船的边水舱结构与甲板舱口纵桁如图 4.10 所示。在计算舱口纵桁强度时,可采用弹性支座上的梁模型,以避免进行空间刚架的计算。

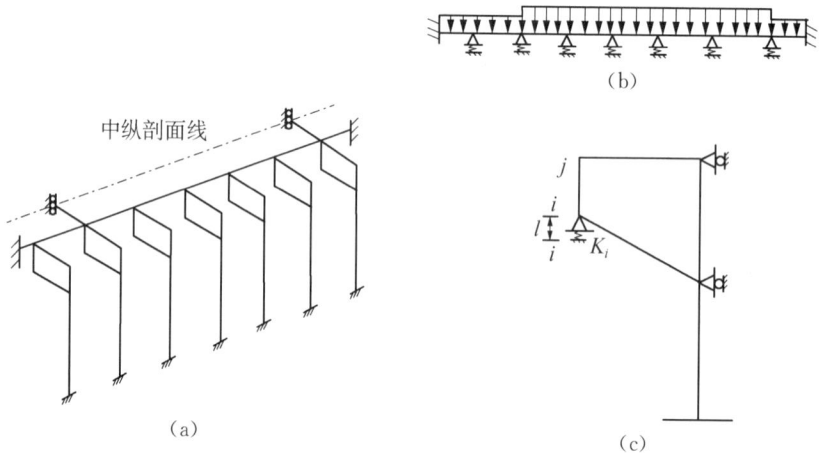

图 4.10 散货船结构模型

将边水舱肋骨框架的影响化为弹性支座,舱口纵桁的计算模型如图 4.10(b)所示。弹性支座的刚度 K_j 是水舱肋骨框架侧板 ij 产生单位垂直位移时作用在 j 点处的反力 S_j,S_j 的值等于 K_j 的值。它可由指定位移的水舱肋骨刚架计算得到,如图 4.10(c)所示。

4.3 船体结构离散模型化

船体结构的有限元分析中很重要的一项工作就是对船舶结构进行离散化处理,由于有限元分析方法是一种数值近似方法,因此为了保证计算精度,对模型进行合理的离散是非常重要的。模型的离散化过程主要包括各结构部位单元类型的选择以及网格形状和尺寸的确定。

4.3.1 单元类型的选择

在船体结构有限元分析中,可以用各种不同形状和力学特性的单元,其中最常用的单元主要有如下几种。

杆单元和梁单元。包括 2 节点直杆单元、2 节点直梁单元和 3 节点曲梁单元。杆单元和梁单元的主要区别是杆单元仅能承受沿轴向力的作用而不能够承受弯矩的作用。在船体结构分析中,一般加强筋根据受力情况可定义为杆单元或梁单元。桁材、骨材定义为梁单元。

膜单元和板壳单元。包括 3 节点及 6 节点三角形单元、4 节点及 8 节点四边形单元。船体结构中的板材一般选用此类单元,且为了保证计算精度,尽量采用四边形单元,尽量少用三角形单元。

二维及三维实体元。包括 6 节点三棱柱单元、8 节点六面体单元、15 节点棱柱单元和 20 节点六面体单元等。一般在船体设备基座的应力应变分析中采用该类单元。

弹簧单元。该单元与实际弹簧结构相当,能够承受轴向拉压应力,且允许较大的弹性变形。在船舶结构的边界处理中,一般采用该类型单元。

根据结构几何和受力特点选取单元类型。一维物体用杆单元和梁单元,二维物体,如平面受力则用膜单元,垂直受力则用板壳单元,三维物体用三维单元,组合结构需要采用多种类型单元。希望尽可能用简单单元分析,即能用杆的不用梁,能用膜的不用板。

现以箱形结构的有限元分析为例说明单元选择问题。箱形结构是一种经常遇到的结构,如船体、起重机的转臂、吊车、汽车底架等。很多人习惯用板壳单元分析,因为一般而言箱型结构发生弯曲,同时还伴有扭转变形,所以推断有弯矩和扭矩产生。用板壳单元计算箱型结构是可以的,但要保证足够的精度,就需要将网格划分得很细才可以,而且板壳的节点都要有 6 个自由度,规模很大,计算时间很长。

下面以箱型悬臂梁(见图 4.11)为例进行计算,说明采用不同的单元类型会得到不同精度的计算结果。

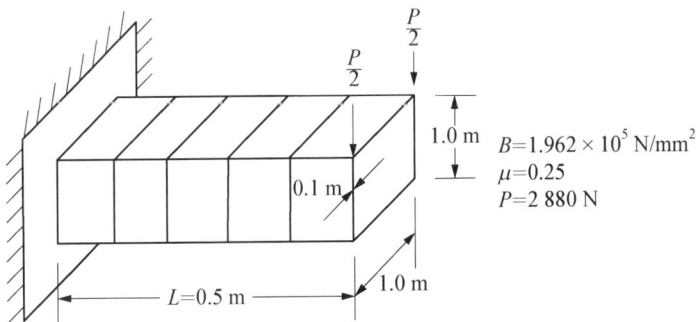

图 4.11　箱形悬臂梁

例:将箱型梁划分为 20 个单元,上、下翼板和腹板各划分为 5 个单元。采用 4 种不同的单元方案进行计算:

(1) 全部用板壳单元。

(2) 全部用膜单元。

(3) 翼板用板壳单元,腹板用膜单元。

(4) 翼板用膜单元,腹板用板壳单元。

计算结果如表 4.3 所示。

表 4.3　不同计算方法的计算精度比较

计算方法　数值	材料力学精确解	有 限 元 解			
		(1)	(2)	(3)	(4)
自由端挠度	0.100 0	0.084 9	0.099 3	0.098 9	0.085 2
误差/%		15	0.7	1.1	15

从上述 4 种方案的结果来看,问题出在腹板用了板壳单元,但是此时腹板纯系平面应力状态,并没有弯矩,所以采用膜单元才是合理的。因为现用的板壳单元是由平面应力与板弯曲应力单元组合而成,其中平面应力的位移模式为长应变三角形单元的位移模式,它的精度比较低,所以不建议采用。如果希望计算误差在 5% 以内,则上例需要划分成 80 个板壳单元,这对于复杂的箱型结构是不合算的。

4.3.2　网格的划分

选好单元之后,进行网格划分是有限元法非常重要的步骤。不同的划分方案对计算结果会产生很大的影响。一般而言网格画得越细,计算精度越高,但同时计算量也会变得很大。在满足计算精度的前提下,尽量选择计算量小的方案。对于船体结构,不同结构形式的网格划分的粗细也不尽相同。角隅处需要较细密的网格,其他部位可用相对较粗的网格。此外也可以采用先粗后细的网格划分方法。即先采用粗网格进行分析,得到总体的应力和节点位移,然后取出要分析的局部区域采用细网格进行二次分析,这样可使得计算量大大减少,是一种比较经济的分析方案。

4.3.3　应注意的问题

(1) 有限元网格的划分应根据计算目标和精度的要求,过细会给建模和计算工作带来困难,过粗又会使计算结构不能表达细部的变形和应力。目前各大船级社所制订的规范中主要有两种做法：一种是粗网格（如 ABS），即根据主要结构构件布置单元网格线；另一种是细网格，即根据骨材的间距划分单元，目前 DNV，LR，BV，CCS 等采用细网格模型。

（2）粗网格的有限元模型在表达船体结构的总纵弯曲和局部板架弯曲时是恰当的，但是关于加强筋和板格的弯曲的描述却是不完备的。有鉴于此，粗网格模型通常采用膜单元和杆单元模拟船体结构。由于梁单元与膜单元的贴合连接存在单元间变形的不相容，所以一般不采用梁单元。但在有些情况下，为了使结构具有面外刚度，梁单元用来支撑膜单元，以便承受横向荷载。如双层底上的纵骨通常采用杆单元，加强筋选用梁单元，但横舱壁的支凳附近处理为梁单元。

（3）细模型的板构件（主要结构构件）选用板壳单元，加强筋选用梁单元，后者是必须的。在主要构件之间布置这种单元，以承受压力载荷并把它们传递给主要构件。对于仅在板的一侧布置的加强筋应采用偏心梁元。否则梁的弯曲刚度应该记入有效带板的影响。另外对于较薄的板构件，考虑到它的承载能力，可以用平面应力元代替板壳单元。

（4）单元主要采用 4 种类型：杆单元、膜单元、梁单元及板壳单元。并且通常只采用简单单元，即仅在角点处布置节点，采用高阶的单元被认为是不必要的。

（5）一般而言，船体的外板结构，强框架、纵桁、平面舱壁的桁材、肋骨等的高腹板以及槽型舱壁和壁凳采用 4 节点板壳单元模拟，在高应力区和高应变变化区尽可能避免采用三角形单元，如减轻孔、人孔，舱壁-凳连接处、临近肘板或结构不连续处、尽量少用三角形单元。

（6）对于承受水压力和货物压力的各种板上的扶强材用梁单元模拟，并考虑偏心的影响。纵桁、肋板上加强筋、肋骨和肘板等主要构件的面板和加强筋可用杆单元模拟。若考虑到网格的布置和大小划分的困难，部分区域一个线单元可以用来模拟一根或多根梁/杆单元。船底纵桁和肋板在垂直方向应布置不小于 3 个板单元。舱壁最底部的单元一般情况下应尽量划分为正方形单元。

（7）槽型舱壁和壁凳：每一个翼板和腹板至少应划分为 1 个板元；在槽型舱壁下端接近底凳处的板单元和凳板的临近单元，其长宽比系数接近 1。对于主要构件的减轻孔、人孔，特别是双层底临近舱壁处桁材和临近底凳肘板肋板的开孔，可以采用等效板厚的板壳单元替代这些开孔的影响。

（8）板厚有突变的地方应作为单元边界。如果单元跨越板厚突变，则应相应地调整单元数据以得到等效刚度。

（9）由于船体结构的复杂性，在模型化时要做必要的简化，只有这样做对结构的不利影响才可以忽略。在整体分析时，最通常的简化是将几个次要构件合并（如加强筋等),合并的构件应位于相关构件的几何中心,还要具有相同的刚度。甚至一些贡献较小的次要构件可以不计入模型,例如短的防止屈曲的加强筋和小的开孔。至于大的开孔,则必须计入模型。

(10) 结构尺寸采用船舶建造厚度。板单元许用应力标准采用的是膜应力,即弯曲板单元的中面应力。梁单元采用的是轴向应力。

4.4 船体结构的边界条件

由于结构在构造上的要求,有些部件刚度很大,它就对其他部件构成刚性约束,使某些节点的位移受到限制,有些结构部件间的连接不是完全固接的,或节点位移不是互相独立的。如何处理这些约束就成为结构模型化的重要内容。

由于有限元位移法是以节点为未知数的,所以讨论节点约束是对位移的限制。一般结构一个节点最多有 6 个自由度,即 3 个线位移和 3 个角位移

$$\boldsymbol{\delta}_i = \begin{bmatrix} u_{xi} & u_{yi} & u_{zi} & \theta_{xi} & \theta_{yi} & \theta_{zi} \end{bmatrix}^\mathrm{T}$$

下面我们分别讨论各种约束情况的处理方法。

(1) 刚性约束。不允许发生位移的约束,如果固定铰支座的线位移为 0,则固定刚性支座的线位移和角位移均为 0。

(2) 弹性约束。支反力与位移成正比的约束称为弹性支座。反力矩与转角成正比的约束称为弹性固定端,如图 4.12 所示。这种约束用弹簧元处理,需要定义出弹簧元的方向,输入弹簧约束的刚度。弹簧元可与其他单元一样进行组集和求解。

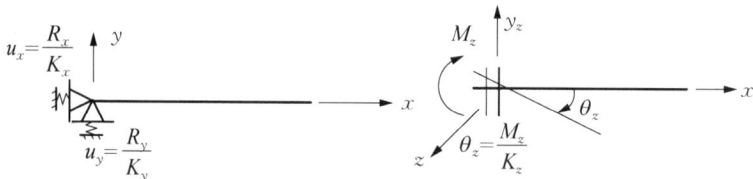

图 4.12 弹性约束

(3) 指定位移约束。如果节点在某一方向的位移给定,则可在该方向加一个刚度很大的弹簧元来处理。输入给定的位移值作为弹簧元的单元载荷。

(4) 斜约束。约束方向与总体坐标轴的方向不一致,称为斜约束,如图 4.13 所示。可以应用弹簧元来处理,需要输入一个很大的刚度。实际上,只要刚度比其周围单元对本节点贡献的刚度大几个数量级就能保证弹簧元方向的位移等于 0

了,此外这样处理还可以避免总刚度方程发生病态。

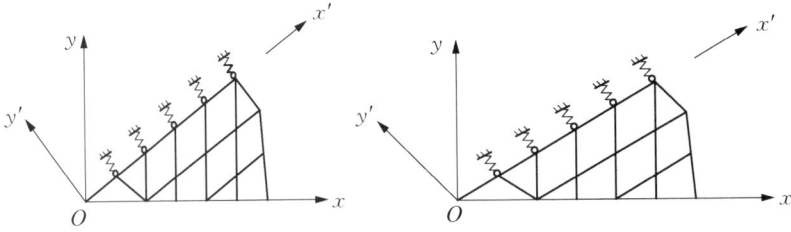

图 4.13　斜约束

习　题 ••••••••••••••••••••••••••••••••••••

（1）什么是节点载荷? 什么是节点力?

（2）什么是单元节点的形状函数? 什么是单元的形状函数矩阵?

（3）证明 3 节点三角形单元的插值函数满足

$$N_i(x_i, y_i) = \delta_{ij} \ \text{及} \ N_i + N_j + N_m = 1$$

（4）什么是刚度矩阵的半带宽? 如何计算? 图题 4.1 所示的平面结构由 4 个 3 节点单元组成,节点编号如图题 4.1 所示。试问其半带宽为多少?

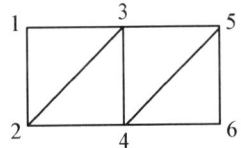

题 4.1

（5）如图题 4.2 所示计算模型在节点 1 上作用有外载荷 $P_{1y} = 1 \text{ N/m}$,三角板的厚度 $t = 1 \text{ m}$,其他尺寸如图所示,弹性模量为 E,泊松比 $\mu = 0$,求各单元刚度矩阵、整体刚度矩阵和单元应力。

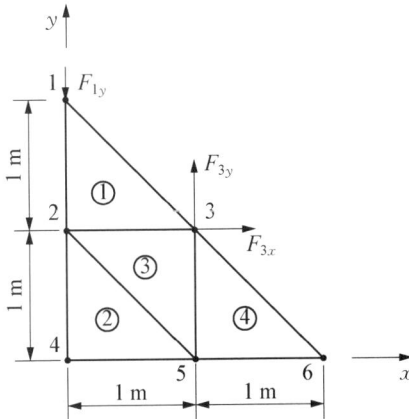

题 4.2

参考文献 ••

[1] 王焕定,焦兆平. 有限单元法基础[M]. 北京:高等教育出版社. 2010.

[2] 赵奎,袁海平. 有限元简明教程[M]. 北京:冶金工业出版社. 2009.

[3] 饶寿期. 有限元法和边界元法基础[M]. 北京:北京航空航天出版社. 1990.

[4] 李人宪. 有限元法基础[M]. 北京:国防工业出版社. 2002.

[5] 赵经文. 结构有限元分析[M]. 北京:科学出版社. 2001.

[6] 孙菊芳,荣王伍. 有限元法及其应用[M]. 北京:北京航空航天大学出版社. 1989.

[7] 孙丽萍. 船舶结构有限元分析[M]. 哈尔滨:哈尔滨工程大学出版社. 2004.

第5章

船体结构直接设计法

▼

5.1 船体结构直接设计法概念

船体结构直接设计法是基于力学基本原理,借助现代数值计算方法,直接获取一定载荷作用下的结构响应并结合规定的安全衡准,确定船体结构布置形式和构件尺度的方法。直接设计法与规范设计法不同的是该方法是与强度直接分析紧密结合在一起的一种具有验证性质的设计方法。一般而言,在采用直接设计法进行设计时需要对已设计的船舶结构进行强度的验证,满足衡准要求的设计为合格设计,不满足的,则需要修改结构设计。

船体结构直接设计法具有如下特点:

(1)船体结构直接设计法针对特定结构问题进行计算校核,具有较好的可靠性和准确性。

船体结构直接设计法通过结构理想化和载荷理想化过程,将复杂的工程问题数学模型化,通过数值求解,获得较为可信的计算结果,有助于在船舶结构设计过程中针对性地改进、优化结构设计方案。

(2)船体结构直接设计法具有可视化效果,能直观显示结构变形特征和应力云图分布。

借助通用有限元软件,船体结构直接设计法能够直观地显示复杂载荷作用下的结构变形特征和应力云图分布,可以帮助设计者快速查找结构设计过程中的问题,进而提出解决方案。

(3)随着计算机技术发展,船体结构直接设计法具有广阔的工程应用前景。

船体结构直接设计法是现代船舶结构设计过程中不可缺少的技术手段,随着技术的不断发展,基于无网格的载荷分析方法、非线性有限元分析方法、高级屈曲分析方法等,其应用广度和深度将进一步提高。

5.2 船体结构强度直接分析

采用直接法设计时,需要根据船舶结构强度直接分析的结果确定船体的主要和次要构件的尺寸,通常可采用通用有限元软件(如 ANSYS,NASTRAN,SESAM 等)进行相关的结构强度直接分析。

5.2.1 船体结构强度直接分析的分类

根据分析对象、计算方法、应用过程等的差异,船体结构强度直接分析可分为4 种类型,如图 5.1 所示。

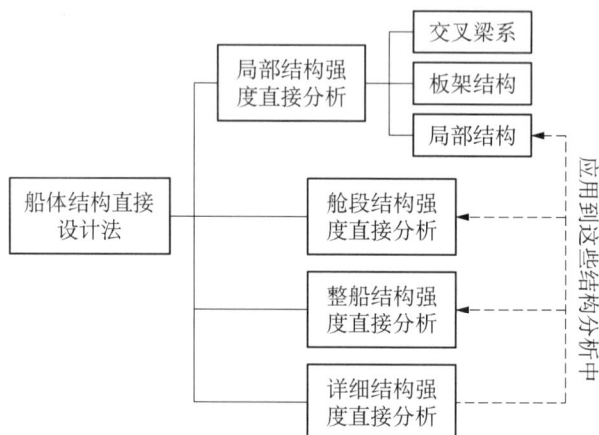

图 5.1 船体结构直接分析的分类

5.2.2 船体结构直接强度分析的实施步骤

采用船体结构强度直接分析开展结构强度校核,通常包括结构模型化、载荷计算、工况组合、结构计算、强度分析 5 个基本过程(见图 5.2)。

结构模型化:以船体结构图纸为依据,按照规范对建模范围、建模方法、腐蚀扣除等要求,对结构进行数值化模拟的过程。

载荷计算:根据目标船的设计要求,按照规范中载荷计算的要求(载荷计算公式或者载荷直接预报),计算影响船舶结构强度的不同载荷成分。

工况组合:参考装载手册,按照规范中计算工况的规定,将不同的载荷成分按照一定的比例进行组合,形成一个或多个计算工况。

结构计算:将船体有限元模型提交计算,得到基本的结构分析结果,包括应力、应变等。

强度分析:按照规范中对于不同情形下的结构校核要求,通过比较计算应力和规范许用应力,校核屈服强度。同时,根据规范要求的不同,还可能要求校核屈曲强度、疲劳强度和振动模态等。

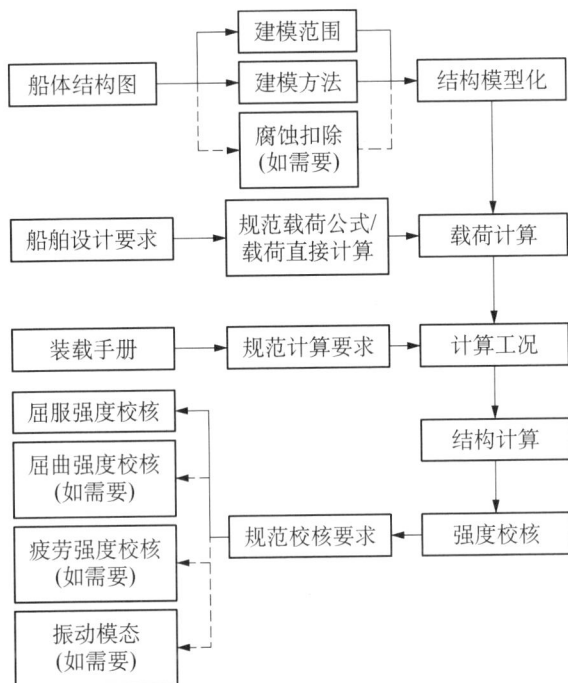

图 5.2　船体结构强度直接分析的实施步骤

5.3　规范中对船体结构强度直接分析的要求

5.3.1　规范要求概述

为了使强度分析具有足够的计算精度,并保证采用直接设计法所得结果的叮靠性,规范对于直接设计方法中的重要环节——结构强度的有限元分析,所涉及的载荷计算方法、有限元建模要求、应力衡准以及强度校核等都有明确的要求。基于不同的计算方法和技术背景,不同规范对上述的要求有所差异,主要体现在如下几方面:

1) 目的差异

不同船级社对船体结构强度的安全设定水平和控制方法有所差异,因而何种情况下需要开展怎样的船体结构强度直接分析因规范而异:如有些规范认为船长150 m 以上需要开展舱段强度有限元分析,而有些规范认为船长 180 m 以上才需要开展舱段强度有限元分析。

2) 方法差异

不同船级社对船体结构强度直接分析的具体操作方法存在差异,如两舱段模型和三舱段模型、是否施加重力、是否考虑腐蚀、如何施加船体梁弯矩等,需要按照具体的规范开展计算分析。

3) 结果差异

不同船级社对船体结构强度直接分析的强度衡准要求存在差异,如许用应力的设定值、强度校核范围等,因此不能单纯地通过对比计算应力值判定结构的安全程度,而需要按照具体的规范要求开展结构强度校核。

下面以我国船舶行业经常用到的中国船级社(CCS)规范和国际船级社协会(IACS)CSR 规范为例,介绍不同规范中的船体舱段强度直接分析要求。

5.3.2　基于 CCS 规范的船体舱段强度直接分析

1) 结构建模

(1) 模型范围。

纵向:一般应至少覆盖船中货舱区的 1/2 个货舱＋1 个货舱＋1/2 个货舱长度。

横向:通常,主要构件和设计载荷对称于纵中剖面时,可以仅模型化船体结构的右舷(或左舷)。当舱段结构或载荷不对称于纵中剖面时,应采用全宽模型。

垂向:应取主船体范围内的所有构件,包括主甲板上的所有主要构件。

(2) 建模方法。

有限元模型结构尺寸应采用船舶建造厚度,不考虑船东附加厚度。船体的内外壳板与强框架、纵桁、肋板、平面舱壁桁材、肋骨等的高腹板以及槽型舱壁和壁凳用板壳单元模拟。在高应力区和高应力变化区应尽可能避免使用三角形单元,如减轻孔、人孔、舱壁与壁凳连接处、邻近折角或结构不连续处。对于承受水压力或货物压力的各类板上的扶强材用梁单元模拟,并考虑偏心的影响。纵桁、肋板上加强筋、肋骨和肘板等主要构件的面板和加强筋可用杆单元模拟。当主要构件的开孔影响到构件的应力分布或刚度时,如主要构件腹板开孔、减轻孔、人孔等,可进行等效模拟,在板格范围内形成等效板厚。开孔模拟如图 5.3 所示。

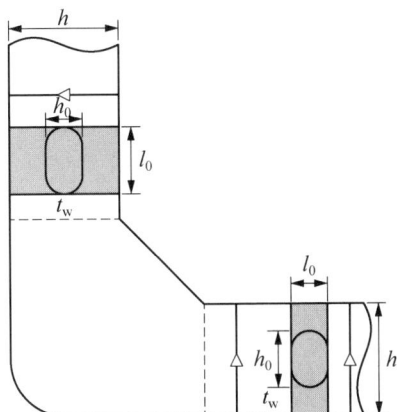

图 5.3　开孔模拟

（3）单元划分。

在横向或垂向按纵骨间距或类似的间距划分，纵向按肋骨间距或类似的间距大小划分，舷侧也参照该尺寸划分，网格形状应尽量接近正方形。船底纵桁和肋板在腹板高度方向应不少于 3 个单元。底边舱与顶边舱强框架在腹板高度方向应不少于 2 个单元。一般来说，槽型舱壁每一翼板和腹板至少应划分为一个板单元；在槽型舱壁下端接近底凳处的板单元和凳板的邻近单元，其长宽比应接近 1。板单元的长宽比通常应不超过 3，槽型舱壁板单元的长宽比应不超过 2。模型中应尽可能减少三角形板单元的使用。在可能产生高应力或高应力梯度的区域内，板单元的长宽比应尽可能接近 1，并应避免使用三角形单元。油船有限元模型如图 5.4 所示，散货船有限元模型如图 5.5 所示，集装箱船有限元模型如图 5.6 所示。

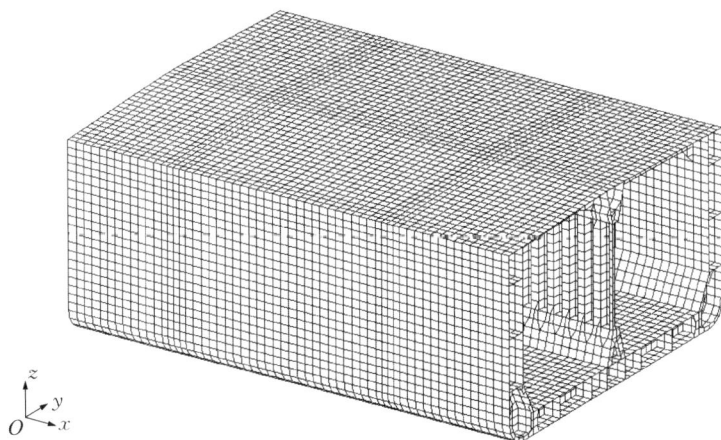

图 5.4　油船有限元模型

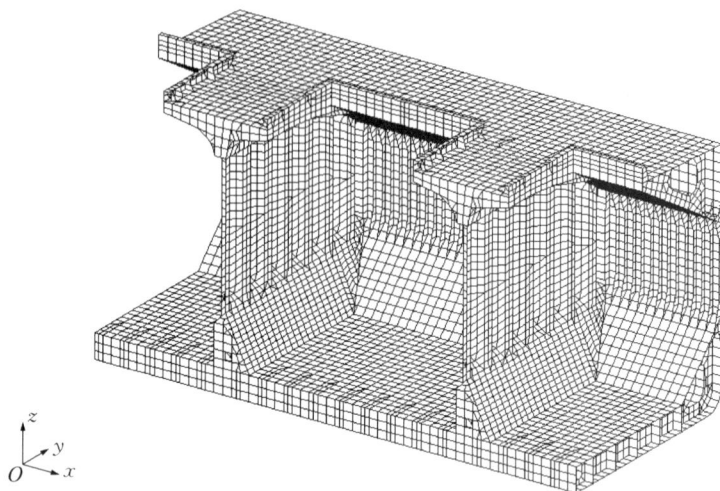

图 5.5　散货船有限元模型

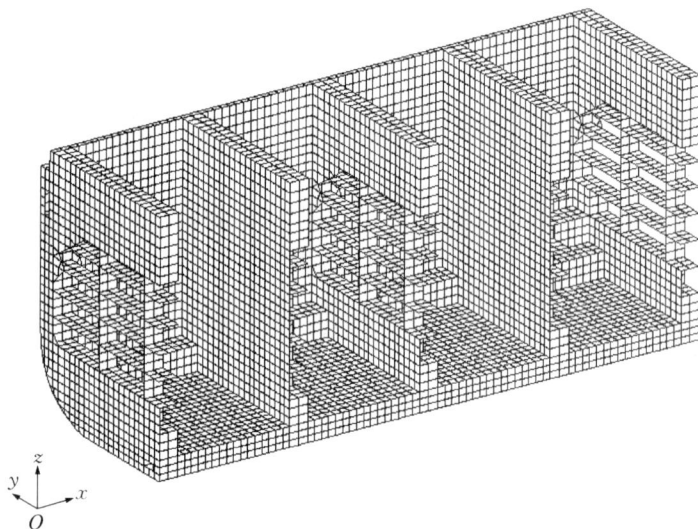

图 5.6　集装箱船有限元模型

2) 载荷计算

(1) 船体梁载荷。

总体载荷工况下的静水弯矩取设计方提供的许用静水弯矩 M_s;波浪弯矩 M_w 应用规范公式计算,港内工况下不计入波浪载荷(压力和弯矩)的影响;港内工况的

许用静水弯矩 M_{sp} 由设计方确定,但应能包络
住装载手册中给出的港口装卸工况下的设计
静水弯矩。

(2) 惯性载荷。

惯性载荷计算主要包括船舶绝对运动和
加速度计算以及船舶相对运动和加速度计算。

(3) 舷外水压力。

舷外水压力由海水静压力和海水动压力
两部分组成。舷外海水动压力如图 5.7 所示。

(4) 干散货压力。

在不同装载情况下,干散货船的装载情形

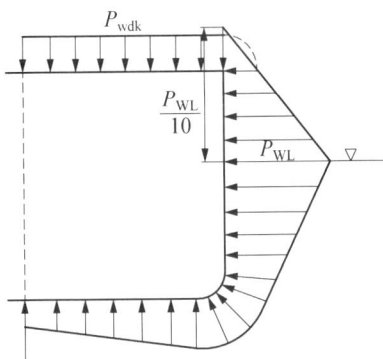

图 5.7　舷外海水动压力

如图 5.8 所示。规范中给出了两种典型装载高度情况下干散货船压力的计算
方法。

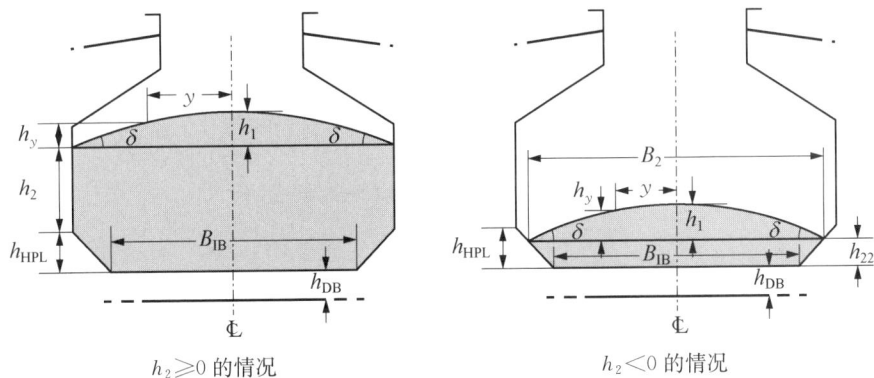

图 5.8　干散货船上装载情形

(5) 液舱内液体压力。

液舱内液体压力包括淡水压力、压载水压力、燃油压力等。

3) 工况组合

(1) 装载模式。

规范中考虑了不同的船舶类型、装载情况、货物种类、结构特点等因素,设计了
一系列不同的装载模式,包括满载、隔舱装载、压载、在港等。油船的典型装载模式
如图 5.9 所示,散货船的典型装载模式如图 5.10 所示,集装箱船的典型装载模式
如图 5.11 所示。

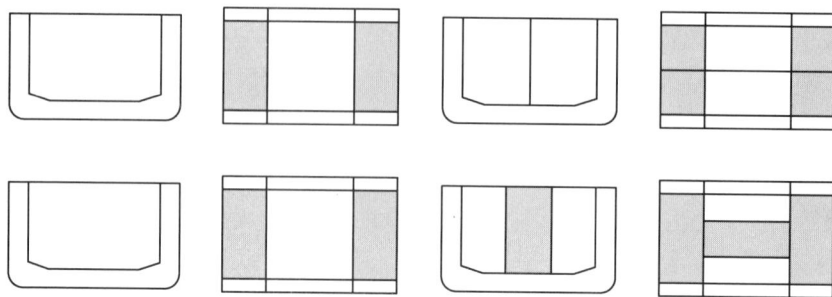

图 5.9　油船的典型装载模式

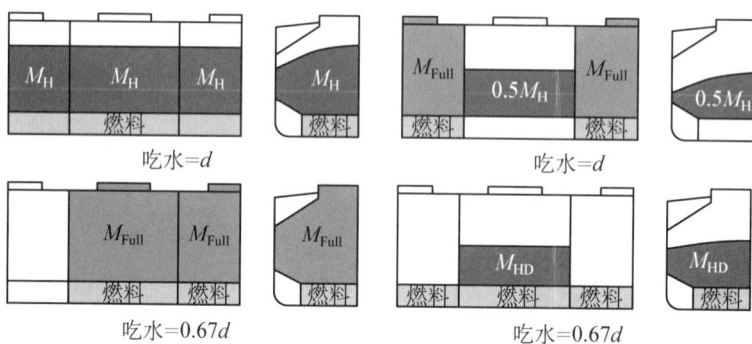

图 5.10　散货船的典型装载模式

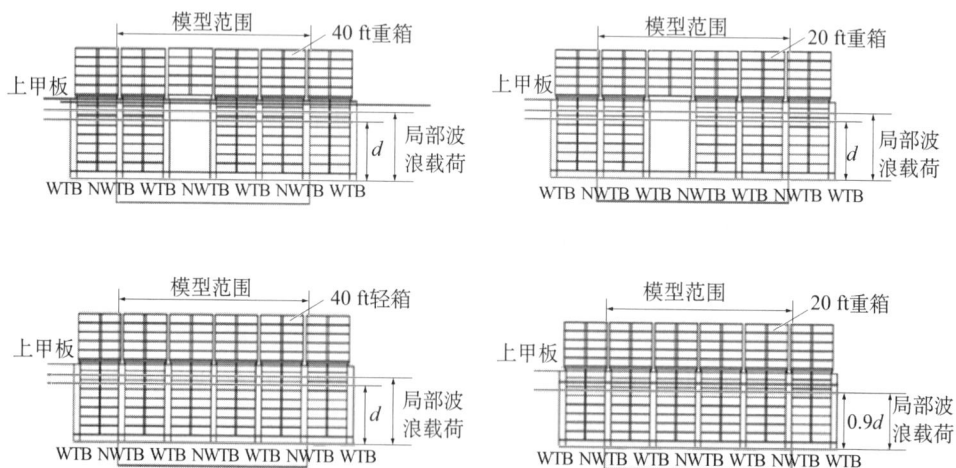

图 5.11　集装箱船的典型装载模式

（2）载荷组合系数。

根据船舶类型、装载模式和航行状态的差异，规范中考虑了不同的载荷组合系数，以描述船舶在特定航行状态下各种载荷成分的比例关系。

表 5.1 给出了集装箱船不同工况下的载荷组合关系，每种不同的计算工况下都设定了需要考虑的载荷类型、载荷成分，进而组合形成规范的工况计算表。

表 5.1　集装箱船各计算工况下的载荷组合

工况描述	工况识别号	外部载荷		货物（集装箱）载荷				边界条件类型
		静水载荷	波浪载荷	货舱内		舱盖上		
中间一40 ft 箱位空舱	工况 1(LC1)	d	P_W	空舱箱位处	—	空舱上方舱盖	—	对称
	工况 1G(LC1G)			其余箱位处	40 ft	其余舱盖	40 ft	
	工况 2(LC2)	d	P_W	空舱箱位处	—	空舱上方舱盖	40 ft	对称
	工况 2G(LC2G)			其余箱位处	40 ft	其余舱盖	40 ft	
	工况 3(LC3)	d	P_W	空舱箱位处		空舱上方舱盖	20 ft	对称
	工况 3G(LC3G)			其余箱位处	20 ft	其余舱盖	20 ft	
船舶横倾，中间一40 ft 箱位空舱	工况 4(LC4)	d	—	空舱箱位处	—	空舱上方舱盖	—	非对称
				其余箱位处	40 ft	其余舱盖	40 ft	
船舶横倾	工况 5(LC5)	d	—	所有货舱	20 ft	所有舱盖	20 ft	非对称
船舶纵荡	工况 6(LC6)	—	—	所有舱内装载 40 ft，由纵向加速度产生的纵向载荷		所有舱盖装载 40 ft，由纵向加速度产生的纵向载荷		对称
船舶中垂	工况 7G(LC7G)	0.67d	P_W	所有货舱	20 ft	所有舱盖	20 ft	对称
轻箱	工况 8G(LC8G)	d	P_W	所有货舱	40 ft	所有舱盖	40 ft	对称

（3）约束边界条件。

根据工况的差别，约束边界条件分为局部载荷边界条件（见表 5.2）和总体载荷边界条件（见表 5.3）。

表5.2　局部载荷边界条件

位置	线位移约束			角位移约束		
	δ_x	δ_y	δ_z	θ_x	θ_y	θ_z
纵中剖面(半宽模型)	—	固定	—	固定	—	固定
节点 J(全宽模型)	—	固定	—	—	—	—
端面 A、B	固定	—	—	—	固定	固定
交线 EG、FH	—	—	弹簧	—	—	—

表5.3　总体载荷边界条件

位置	线位移约束			角位移约束		
	δ_x	δ_y	δ_z	θ_x	θ_y	θ_z
纵中剖面(半宽模型)	—	固定	—	固定	—	固定
端面 A、B	相关	相关	相关	—	—	—
独立点 D(端面 A)	固定	固定	固定	固定	弯矩	—
独立点 D(端面 B)	—	固定	固定	固定	弯矩	—

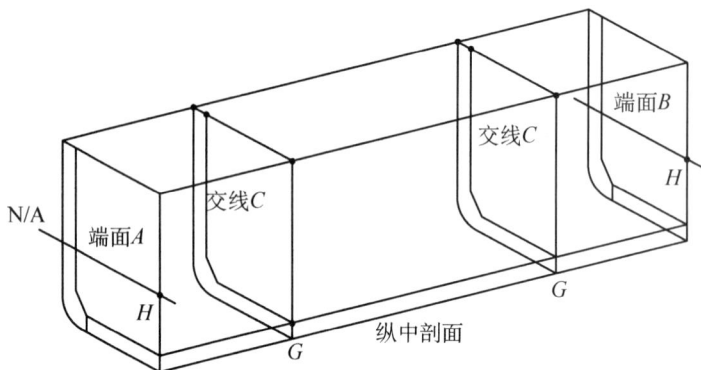

图5.12　约束边界条件

4）屈服强度

（1）屈服强度评估原则。

　　构件的应力应不超过相关的许用应力衡准；板壳单元应力应采用膜应力，即弯曲板单元的中面应力；对于槽型舱壁，槽型端部的应力可以通过舱壁板内的平均应力外推得到；应力集中和形状很差的单元应力可不考虑，但在船体结构实际分析过程中需要进一步通过结构详细分析进行校核。

（2）许用应力。

许用应力与船型、计算工况、构件类型相关,规范中对油船(见表 5.4)、散货船(见表 5.5)和集装箱船(见表 5.6)的许用应力都有明确的规定。

表 5.4　双壳油船的许用应力

构　件	许用应力/(N/mm²)	
	$[\sigma_e]$	$[\tau]$
甲板	220/K	—
船底外板、内底板	220/K	—
舷侧外板、内壳板、底边舱斜板、纵舱壁、双壳内平台	220/K	115/K
船底纵桁	235/K	115/K
双层底肋板	175/K	95/K
横舱壁	175/K	95/K
底凳、顶凳边板	195/K	95/K
横向强框架	195/K	95/K
其他	195/K	—

说明:K——材料系数。

表 5.5　散货船的许用应力

结构分类	许用应力/(N/mm²)	
	$[\sigma_e]$	$[\tau]$
甲板	220/K	—
船底外板、内底板	220/K	—
舷侧外板、内壳板、双壳内平台	220/K	115/K
底边舱斜板、顶边舱斜板	220/K	115/K
船底纵桁	235/K	115/K
双层底肋板	175/K	95/K
横舱壁	175/K	95/K
底凳、顶凳侧板	195/K	95/K
横向强框架	195/K	95/K
舱口间甲板	175/K	—
其他	195/K	—

表 5.6　集装箱船的许用应力

构件名称	计算工况	许用应力(N/mm²)			
		$[\sigma_L]$	$[\sigma_w]$	$[\sigma_e]$	$[\tau]$
船底外板、内底板	LC1、2、3	100/K	140/K	—	—
舷侧板、纵舱壁	LC1、2、3、4、5	—	140/K	—	90/K
船底纵桁	LC1、2、3	100/K	—	175/K	90/K
双层底肋板、横向强框架	LC1、2、3、4、5	—	—	175/K	90/K
边舱纵向平台	LC1、2、3、4、5	100/K	—	175/K	90/K
横舱壁板	LC1、2、3	—	140/K	175/K	90/K
横舱壁桁材	LC1、2、3、4、5	—	140/K	175/K	
	LC6	—	—	85/K	
甲板横向抗扭箱	LC4、5	—	140/K	175/K	90/K
	LC6	—	—	85/K	
肘板趾端部局部应力集中	LC1、2、3、4、5、6	—	—	220/K	—

5）屈曲强度

（1）屈曲强度评估原则。

板格的屈曲安全因子应不小于相关的最小屈曲安全因子;应对所有主要构件进行平板屈曲强度评估,屈曲评估中临界屈曲应力应考虑适当的标准减薄厚度,该标准减薄厚度不等同于腐蚀增量,是为屈曲能力校核而人为规定的结构减薄厚度;在屈曲强度计算中应考虑双轴向压应力和剪应力,且应使用板的中面应力进行屈曲强度评估以及临界屈曲应力与弹塑性修正。

（2）板格弹性临界屈曲应力计算。

板格弹性临界屈曲应力计算分为 3 种典型的情况:短边受压板格弹性临界屈曲应力（见图 5.13）、长边受压板格弹性临界屈曲应力（见图 5.14）和受剪切板格弹性临界屈曲应力（见图 5.15）。

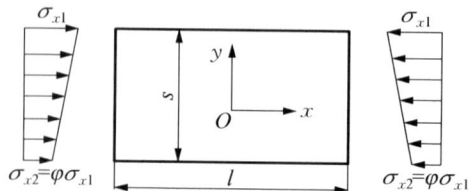

其中: $0 \leqslant \varphi \leqslant 1$

图 5.13　短板受压的情况

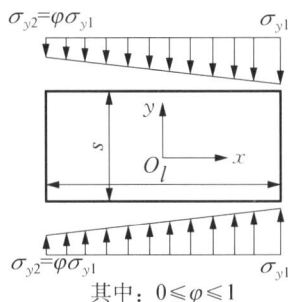

图 5.14　长边受压的情况

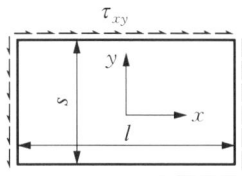

图 5.15　边缘受剪的情况

5.3.3　基于 CSR 规范的船体舱段强度直接分析

1）结构建模

（1）模型范围。

进行有限元结构评估和载荷施加的货舱区域包括不同的货舱范围，考虑船长和舱室布置，货舱范围可能有所不同。货舱范围主要包括中部货舱区域、首部货舱区域、尾部货舱区域、最首货舱和最尾货舱（见图 5.16）。

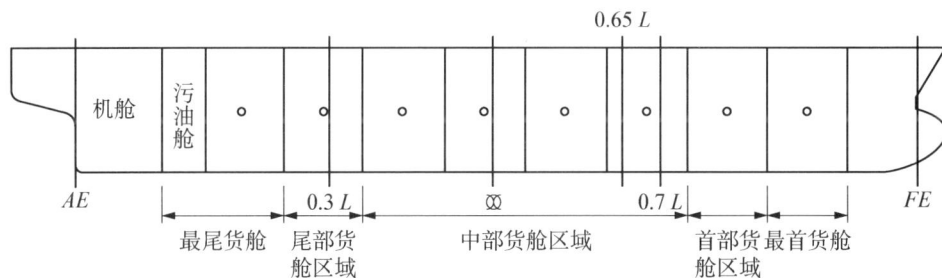

图 5.16　货舱范围划分

纵向范围：除最首货舱模型和最尾货舱模型外，货舱有限元模型沿纵向应覆盖 3 个货舱长度。模型两端应包括横舱壁。当设置槽型舱壁时，模型前后端部还应包括槽型横舱壁凳结构及其向前后端延伸范围的货舱结构。模型端部的强框架应建模。

横向范围：船舶的左舷和右舷都应建模。

垂向范围：船舶的全深范围内都应建模，包括上甲板上的主要支撑构件、管隧、首楼和/或舱口围板（如有）。机器处所的上层建筑或甲板室以及挡浪板不要求建模。

（2）建模方法。

对于舱段有限元分析、局部细化网格有限元分析和精细网格有限元分析的有限元模型应基于净尺寸方法，按规范要求扣除 50% 腐蚀余量。板应使用壳单元表示，所有的骨材应使用具有轴向刚度、扭转刚度、双向剪切和弯曲刚度的梁单元表示，模型应考虑中和轴的偏心。槽型舱壁中凳结构中的隔板、槽型舱壁的支撑结构以及凳结构内部的纵向和垂向骨材均应建模。不连续加强筋应按连续加强筋建模，即削斜端部处的腹板高度折减不应建模。主要支撑构件的腹板加强筋应建模。当加强筋布置与主要有限元网格不一致时，调整线单元至最近的节点，但调整的距离应不超过该加强筋间距的 0.2 倍，按此调整后得到的计算应力和屈曲利用因子不进行修正。大肘板、甲板横梁和平行于翼板的水平桁上的屈曲加强筋应建模。这些加强筋可以使用杆单元建模。主要支撑构件腹板上表达开孔和人孔的方法应进行折减，任何尺寸的人孔都应通过去除适当的单元的方式进行建模。

（3）单元划分。

一般情况下，有限元模型应表达船体外壳的几何形状，通常壳单元的长宽比应不超过 3，尽量少使用三角形壳单元。对于可能出现高应力或高应力梯度的区域，壳单元的长宽比应尽量接近于 1 且避免使用三角形单元。壳单元的网格应尽可能与骨材布置保持一致，以反映骨材间的实际板格布置。CSR 船型有限元模型如图 5.17 所示，CSR 船型有限元模型的典型横剖面如图 5.18 所示。

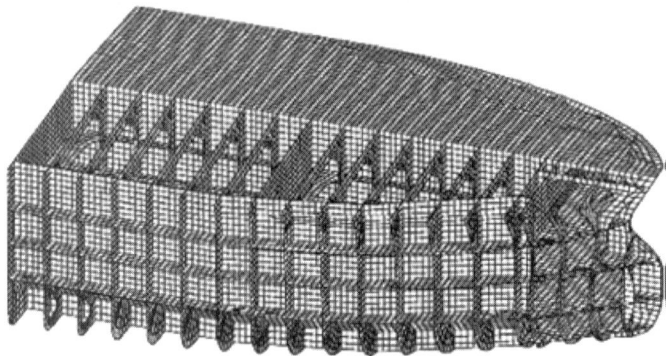

图 5.17　CSR 船型有限元模型

2）载荷计算

（1）船体梁载荷。

设计者应提供航行工况和在港/遮蔽水域工况的许用静水弯矩和许用静水剪

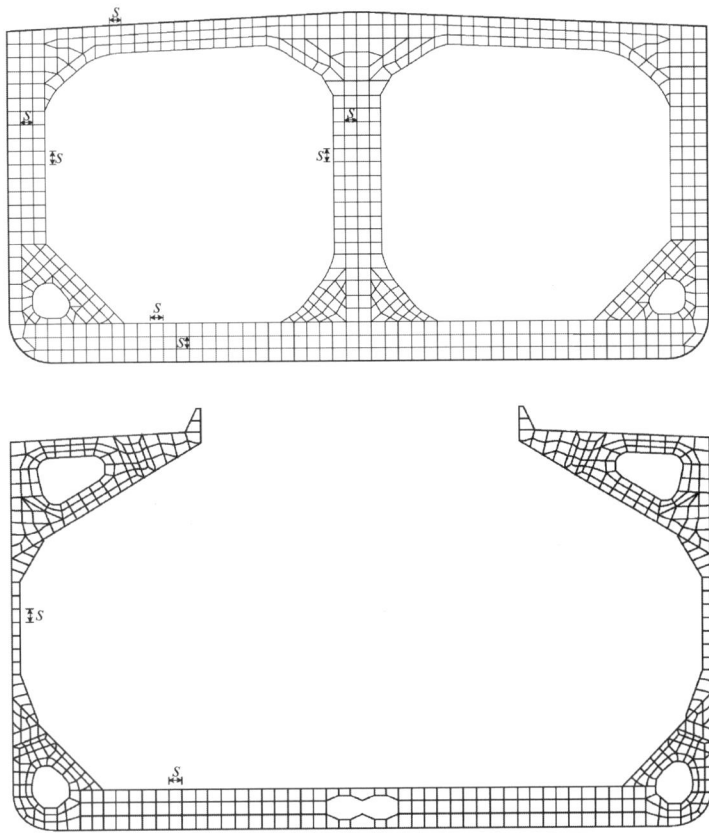

图 5.18　CSR 船型有限元模型的典型横剖面

力。在货舱区域的各个横舱壁、货舱舱室中部、防撞舱壁、机舱前舱壁和机舱前后舱壁之间的中点位置处,应给出船体梁的许用静水载荷。任意位置的船体梁许用弯矩和剪力可由线性插值得到。

规范给出了最小静水弯矩、最小垂向静水剪力、垂向波浪弯矩、垂向波浪剪力、水平波浪弯矩和波浪扭矩的规范计算公式。

(2) 惯性载荷。

惯性载荷计算主要考虑船舶 6 个自由度的运动,包括加速度和角加速度。

(3) 外部载荷。

外部载荷由海水静压力和海水动压力组成。HSM - 1,HSA - 1 和 FSM - 1 载荷工况的外部压力如图 5.19 所示,HSM - 2,HSA - 2 和 FSM - 2 载荷工况的外部压力如图 5.20 所示。

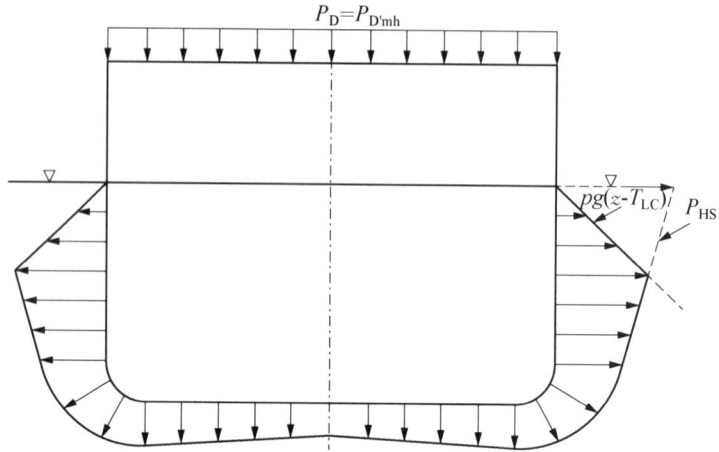

图 5.19　HSM‑1，HSA‑1 和 FSM‑1 载荷工况的外部动压力

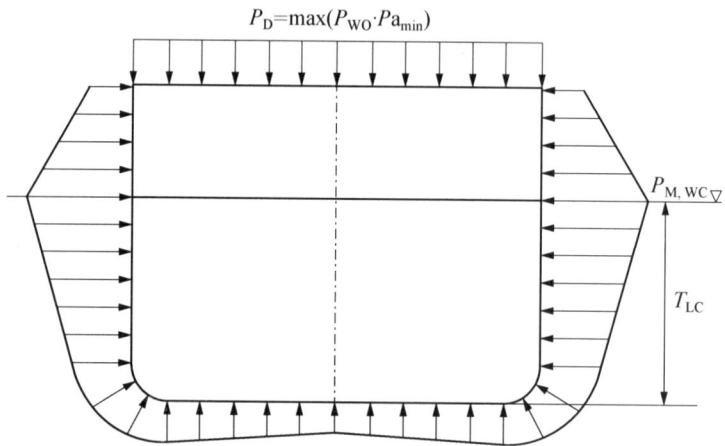

图 5.20　HSM‑2，HSA‑2 和 FSM‑2 载荷工况的外部动压力

（4）内部载荷。

液体引起的压力由液体静压力和液体动压力两部分组成。

干散货产生的压力和力由装载高度、货物密度、惯性载荷等多种因素共同计算获得。

非露天甲板和平台载荷，如果甲板上载有分布载荷，则应考虑由此分布载荷产生的静压力和动压力。静分布载荷应由设计者定义，但对起居甲板来说不小于 $3\,kN/m^2$，其他甲板平台不小于 $10\,kN/m^2$。

3）工况组合

（1）装载模式。

CSR 规范考虑的计算工况包括适用于油船和散货船的共同设计装载工况、适用于油船的特殊设计装载工况和适用于散货船的特殊设计装载工况。除另有规定外，每个设计航行工况应对到港和出港工况进行校核。

（2）载荷组合系数。

CSR 的载荷组合系数主要考虑航行工况和港内试验工况，包括静水载荷部分和动载荷部分。CSR 规范典型的载荷组合系数如表 5.7 所示。

表 5.7　CSR 规范典型的载荷组合系数

编号	装载模式	静水载荷			动载荷工况	
		吃水	许用静水弯矩百分数	许用静水剪力百分数	船首区域	船尾区域
航行工况						
A1		$0.9T_{sc}$	100%中垂	100%	HSM-1 BSP-1P/S	HSM-1 BSP-1P/S
			100%中拱	100%	HSM-2 FSM-2 BSP-1P/S OST-2P/S OSA-1P/S	HSM-2 FSM-2 BSP-1P/S
A2		$0.9T_{sc}$	100%中垂	100%	HSM-1 BSP-1P/S	HSM-1 FSM-1 BSP-1P/S OSA-2P/S
			100%中拱	100%	HSM-2 FSM-2 BSP-1P/S	HSM-2 BSP-1P/S
港内工况						
A9		$0.25T_{sc}$	100%中垂	100%	N/A	
A10		$0.25T_{sc}$	100%中垂	100%	N/A	

(3) 约束边界条件。

边界条件包括模型端部的刚性连接、点约束和端部梁。刚性连接将模型端部的纵向构件的节点连接到中纵剖面上中和轴处的独立点上。边界条件应施加在舱段有限元模型的端部,除最首货舱外的边界条件如表 5.8 所示。对于最首货舱分析,施加在舱段有限元模型端部的边界条件如表 5.9 所示。施加于模型端面的边界条件如图 5.21 所示。

表 5.8 非最首货舱的模型端部边界条件

位置	平移			转动		
	δ_x	δ_y	δ_z	θ_x	θ_y	θ_z
后端						
独立点	—	固定	固定	$M_{\text{T-end}}$	—	—
横剖面	—	刚性连接	刚性连接	刚性连接	—	—
端部梁						
前端						
独立点	—	固定	固定	固定	—	—
中剖面和内底板的交点	固定	—	—	—	—	—
横剖面	—	刚性连接	刚性连接	刚性连接	—	—
端部梁						

表 5.9 最首货舱的模型端部边界条件

位置	平移			转动		
	δ_x	δ_y	δ_z	θ_x	θ_y	θ_z
后端						
独立点	—	固定	固定	固定	—	—
中剖面和内底板的交点	固定	—	—	—	—	—
横剖面	—	刚性连接	刚性连接	刚性连接	—	—
端部梁						
前端						
独立点	—	固定	固定	$M_{\text{T-end}}$	—	—
横剖面	—	刚性连接	刚性连接	刚性连接	—	—

其中,端部梁是在模型两个端面上所有的纵向连续结构和散货船的舱口间甲板板上建立的端部约束梁,每个端面内的所有梁单元的属性应相同,首端和尾端端面的梁的属性应按照以下要求分别计算。

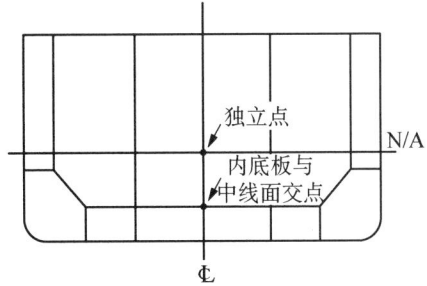

图 5.21　施加于模型端面的边界条件

4) 屈服强度

(1) 屈服强度评估原则。

针对验收衡准的结果验证应在中舱长度范围内进行,评估区域中的下述结构构件应开展衡准验证:所有船体梁纵向结构构件;所有主要支撑构件和中舱内的舱壁;所有横舱壁的组成结构构件(如油船水平桁、舱壁局部支撑肘板结构、凳结构、局部纵桁及与其相连的横向结构;散货船凳结构及与其相连的纵桁和双层底实肋板);所有构成防撞舱壁并且由防撞舱壁向前延伸一个横框架间距的结构构件;组成机器处所前端横舱壁的所有结构构件和此横舱壁之后 15% 的不包括污油舱的最尾货舱舱长范围内的所有船体梁纵向结构构件。

(2) 许用屈服利用因子。

结构单元应符合许用屈服利用因子衡准:

$$\lambda_y \leqslant \lambda_{yperm}$$

式中, λ_y ——屈服利用因子,对于板单元, $\lambda_y = \dfrac{\sigma_{vm}}{R_y}$,对于杆单元或梁单元, $\lambda_y = \dfrac{|\sigma_{axial}|}{R_y}$;

　　R_y ——材料屈服应力,N/mm^2;

　　σ_{vm} ——von Mises 应力,N/mm^2;

　　σ_{axial} ——杆或梁单元的轴向力,N/mm^2;

　　λ_{yperm} ——许用屈服利用因子(见表 5.10)。

表 5.10　许用屈服利用因子

结 构 部 件	许用屈曲利用因子
板和加强筋,加筋和非加筋板格,单舷侧散货船的垂向加筋舷侧板,开口处腹板	对于 S+D 载荷组合,1.00 对于 S 载荷组合,0.80
支杆、支柱、横撑材	对于 S+D 载荷组合,0.75 对于 S 载荷组合,0.65

（续表）

结 构 部 件	许用屈曲利用因子
受液体载荷的侧向压力作用的有底凳的垂直槽型舱壁槽条和水平槽型舱壁槽条，仅指板壳单元，无底凳槽型舱壁下端的支撑结构	对于 S+D 载荷组合，0.90 对于 S 载荷组合，0.72
受液体载荷的侧向压力作用的无底凳的垂直槽型舱壁槽条，仅指板壳单元	对于 S+D 载荷组合，0.81 对于 S 载荷组合，0.65

证明：S(static)是静载荷；S(static)+D(dynamic)是静荷叠加动载荷。

5）屈曲强度

（1）屈曲强度评估原则。

有限元分析需进行屈曲评估中的结构单元包括加筋和非加筋板格（包括曲板），开口处腹板，槽型舱壁，单舷侧散货船的垂向加筋舷侧结构，支杆、支柱、横撑材。

（2）屈曲评估方法。

船体结构中的板格可模拟成加筋或非加筋板格，分别采用 UP-A 方法、UP-B 方法、SP-A 方法和 SP-B 方法进行屈曲校核。油船的屈曲校核方法如图 5.22 所示，散货船的屈曲校核方法如图 5.23 所示。

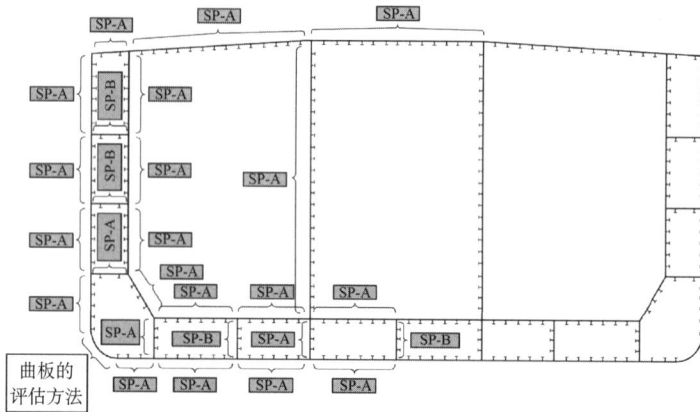

图 5.22　油船的屈曲校核方法

UP-A 方法：适用于非加筋板格，且假定基本板格的所有边缘受到周围结构或邻接板的约束作用，均强迫保持直线。

UP-B 方法：适用于非加筋板格，且假定基本板格边缘处的面内刚度较小，没有周围结构或邻接板的约束作用，边缘未能强迫保持直线。

SP-A 方法：适用于加筋板格，且假定基本板格的所有边缘受到周围结构或邻

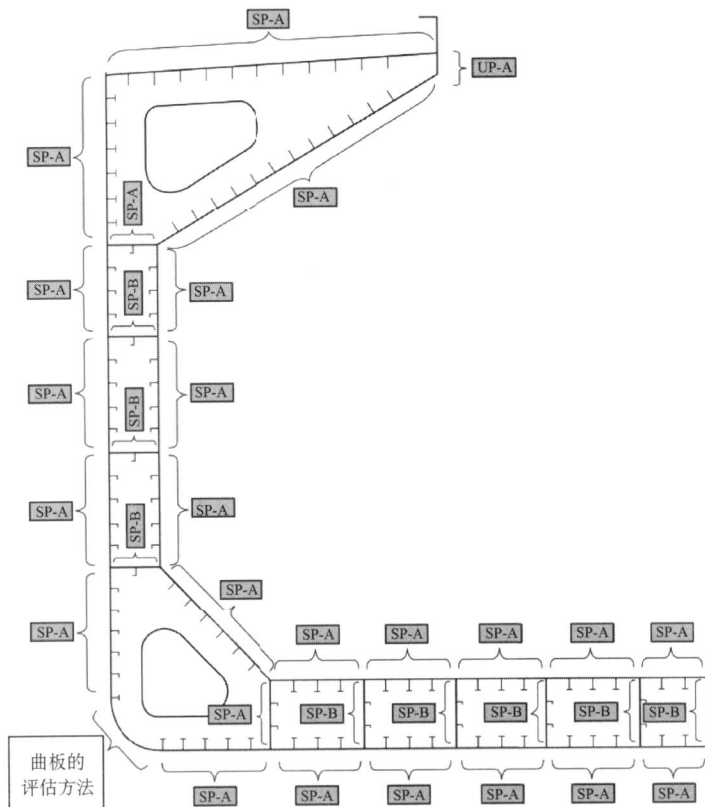

图 5.23　散货船的屈曲校核方法

接板的约束作用，均强迫保持直线。

SP-B 方法：适用于加筋板格，且假定基本板格边缘处的面内刚度较小，没有周围结构或邻接板的约束作用，边缘未能强迫保持直线。

一般情况下采用"B 方法"计算的屈曲能力小于等于"A 方法"，CSR 规范对散货船和油船结构采用的屈曲校核方法进行了规定。

5.4　直接设计法在典型船体结构设计中的应用

5.4.1　混合骨架式主要支撑构件设计

1）工程问题提出

当船舶采用混合骨架设计时，主要支撑构件之间存在相互支撑的情况，如采用规范公式计算，难以确定主要支撑构件计算跨距：当假定纵桁支撑横梁时，纵桁的计算跨距需要取舱壁间距,而横梁的跨距则取纵桁间距,规范计算结果会出现纵桁尺度远不能满足要求,而横梁尺度远大于要求的情况,反之,如假定横梁支撑纵桁,则结果正好相反。

该工程问题超出了规范公式所设定的力学模型适用条件,是中小船型、特殊布置船型的结构设计的实际困难,而交叉梁系结构直接设计方法(见图 5.24)是解决该工程问题最简捷、有效的方法。

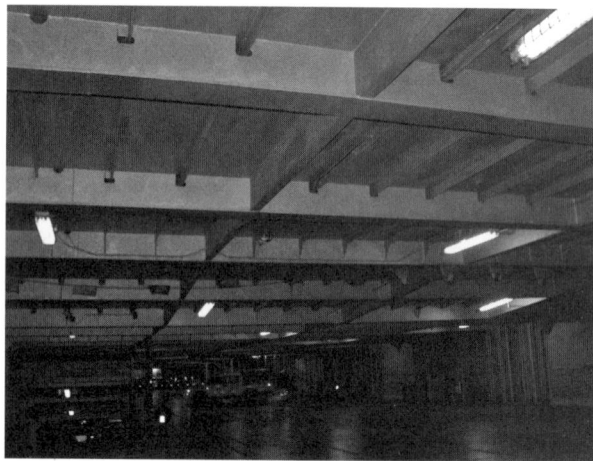

图 5.24　船体甲板结构交叉梁设计方案

2) 交叉梁系分析方法的应用

(1) 将船体结构中的主要支撑构件理想化为交叉梁系模型(见图 5.25),并进行力学加载。

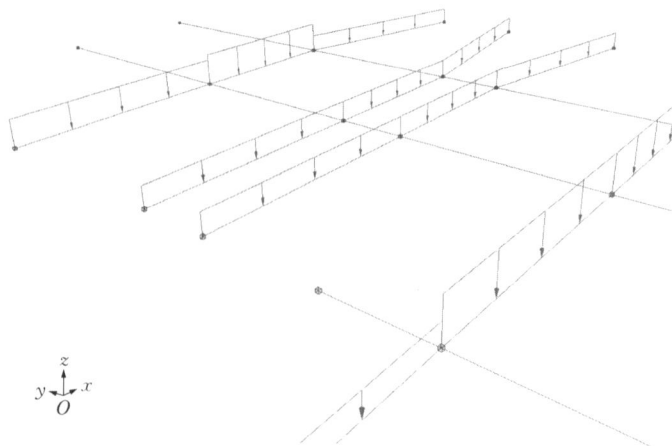

图 5.25　交叉梁系模型

（2）采用结构计算软件开展力学分析，获得交叉梁系的变形和应力云图（见图 5.26 和图 5.27）。

图 5.26　交叉梁系的结构变形

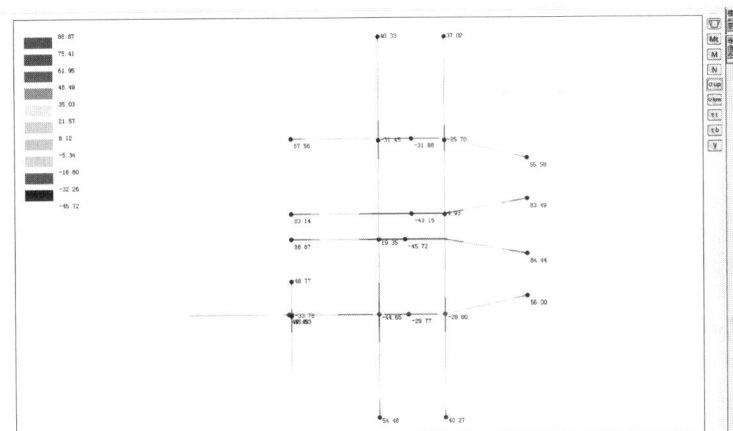

图 5.27　交叉梁系的结构应力云图

（3）提取交叉梁系结构的计算结果，校核船体结构主要支撑构件的强度。

5.4.2　船用锚机基座及其支撑结构设计

1）工程问题提出

锚机是抛锚、起锚和绞收揽绳的机械装置，是主要的船用锚系泊设备，主要作用是保持船位固定、船舶紧急制动、使船舶安全靠泊码头。在工作状态下，锚机受到锚链的作用，在航行状态，锚机受到上浪载荷作用，因此锚机基座及其相关的船体结构需要具备足够的强度（见图 5.28）。

图 5.28　船舶锚机及其基座图

在传统设计中,对船舶机械设备在船上的固定以及相关设备的支撑结构均是按结构力学和材料力学理论进行经验类比设计。随着船舶大型化发展的趋势,锚泊载荷越来越大,对锚机及其基座的结构要求越来越高,船舶规范对于船长超过80 m 的船舶锚机基座的结构强度提出了直接分析的要求。

2) 船体结构局部有限元方法的应用

(1) 建立锚机支撑结构及其相关的船体结构的有限元模型(见图 5.29)。

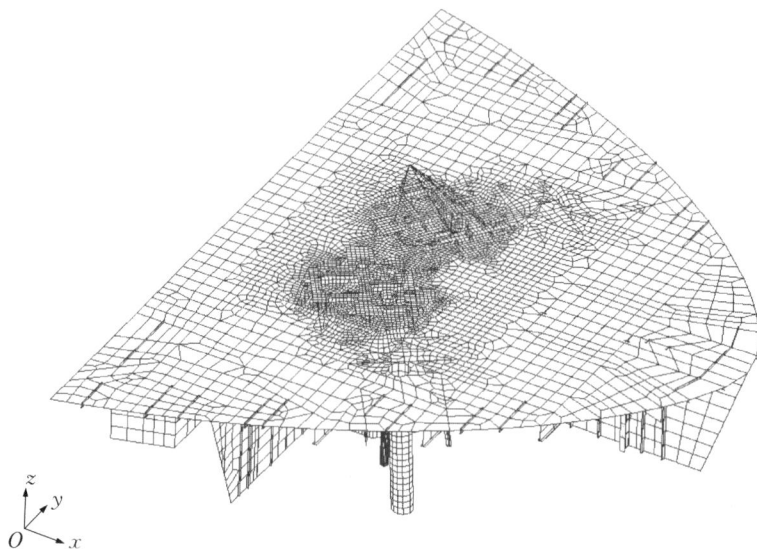

图 5.29　锚机基座及其相关船体结构的有限元模型

（2）锚机承受的载荷计算和工况建立。

绞车制动载荷：对于锚绞一体机，需考虑绞车制动载荷，绞车载荷取 1.25 倍缆绳的破断载荷，计及实际使用过程中可能的出绳方向。

锚机制动载荷：当有止链器时，锚机计算时取 45％锚链的破断载荷，按设计要求选定锚链方向与水平方向的夹角（见图 5.30）。

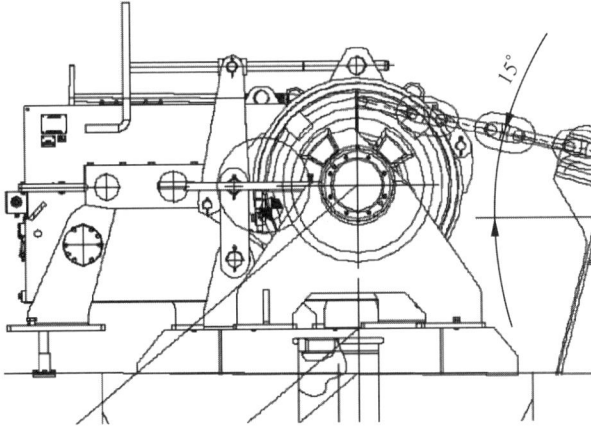

图 5.30　锚链及其方向的示意图

止链器（见图 5.31）制动载荷：取锚链破断的 80％作为校核载荷，确定锚链与垂向夹角设计状态。

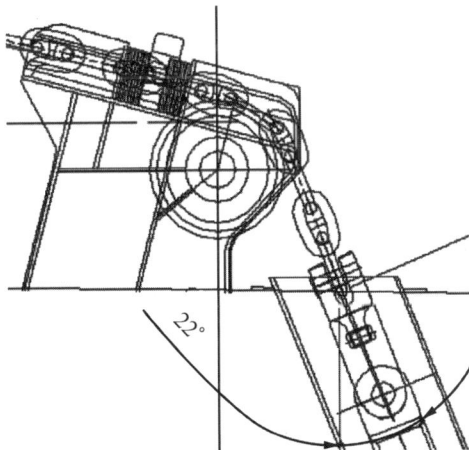

图 5.31　止链器示意图

（3）提交计算，得到锚机基座的结构计算应力，并与规范许用应力进行比较，确定锚机基座及其相连的船体结构是否满足规范要求。锚机基座结构计算应力云图如图 5.32 所示。

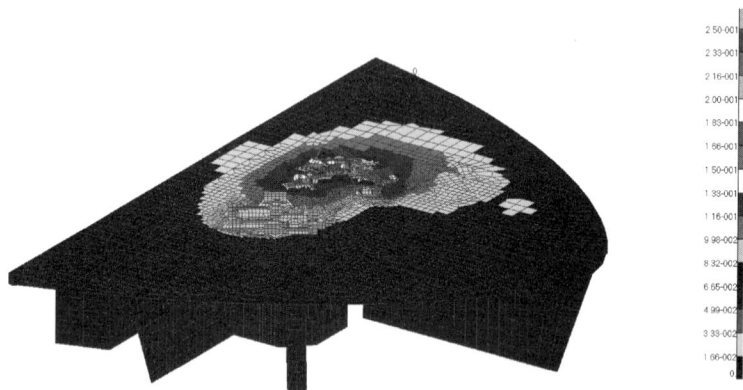

图 5.32　锚机基座结构计算应力云图

5.4.3　舱段结构设计

1）工程问题提出

当船舶航行在风浪中（见图 5.33），外部承受波浪载荷、上浪载荷、砰击载荷等，内部承受货物载荷、设备载荷等，载荷复杂且组合形式很多，采用常规的规范设计法存在一定的安全风险，因此各船级社都提出了舱段有限元的计算要求和配套

图 5.33　油船

计算软件,当船长超过一定范围或者具有特殊的结构设计时,需要通过舱段有限元方法校核船舶的结构强度,目前舱段有限元方法已成为现代船舶设计技术中常用技术手段。

2) 舱段结构有限元方法的应用

(1) 按规范要求建立局部船体结构模型图,图 5.34 采用的是三舱段有限元模型。

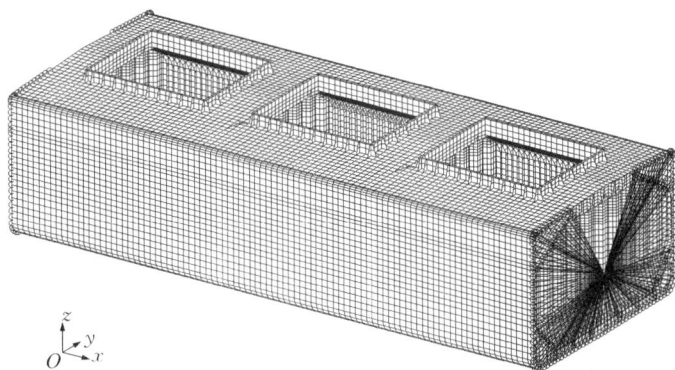

图 5.34　油船三舱段有限元模型

(2) 按规范要求对模型进行加载,包括货油压力、海水压力、压载水压力等,建立计算工况。中间货油舱的压力载荷如图 5.35 所示。

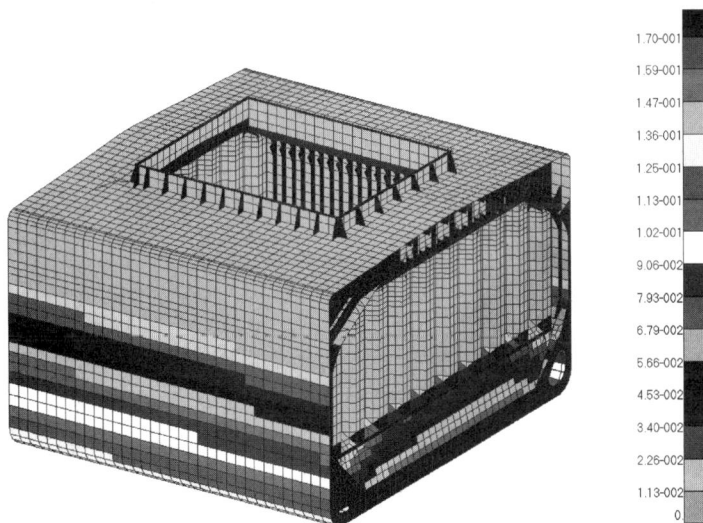

图 5.35　中间货油舱的压力载荷

（3）进行结构有限元直接计算，得到舱段有限元结构变形（见图 5.36）和应力分布（见图 5.37）。

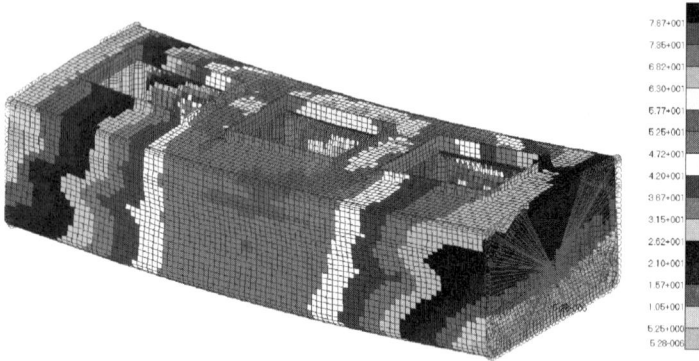

图 5.36　舱段有限元变形云图

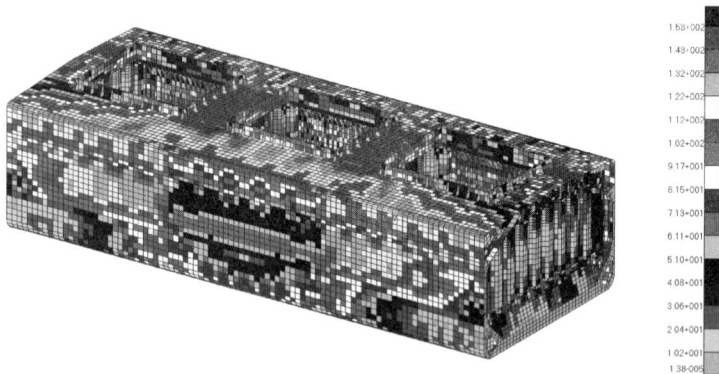

图 5.37　舱段有限元应力云图

（4）根据计算应力开展屈服强度和屈曲强度的规范校核。

5.4.4　整船结构设计

1）工程问题提出

对于超规范尺度、结构设计新颖的船舶，如集装箱船（见图 5.38）、大型矿砂船、车辆运输船等船型，现有规范中的载荷计算公式和构件结构力学模型难以适用，往往需要通过整船结构有限元校核船舶在满载和压载工况下的整船结构强度，包括总强度和局部强度的校核。

2）整船结构有限元方法的应用

（1）按照规范要求，建立整船有限元模型，包括结构模型、质量模型和水动力

图 5.38　集装箱船

湿表面模型。集装箱船整船有限元模型如图 5.39 所示。

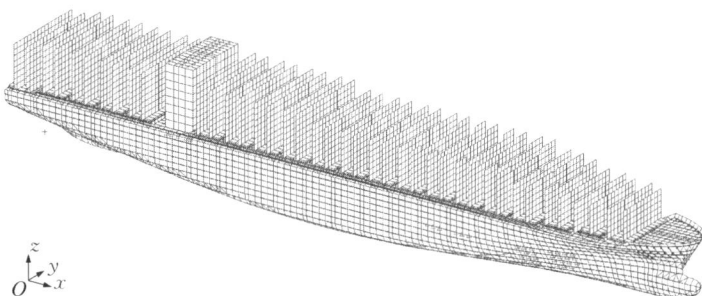

图 5.39　集装箱船整船有限元模型

　　(2) 通过水动力分析,预报得到惯性载荷和海水压力,包括静压力和动压力。整船有限元模型海水压力载荷图如图 5.40 所示。

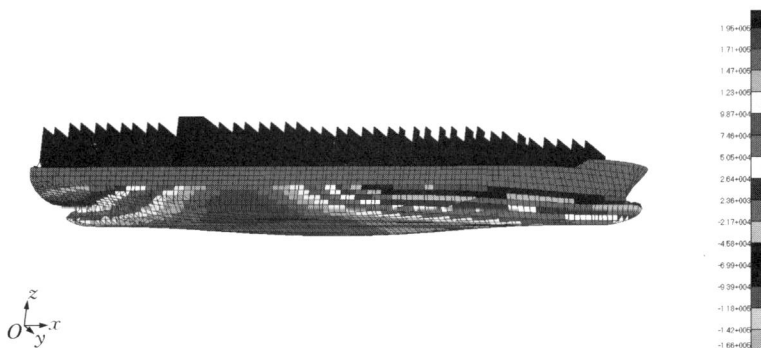

图 5.40　整船有限元模型海水压力载荷图

（3）进行结构强度分析，得到整船有限元模型的变形（见图 5.41）和应力分布（见图 5.42）。

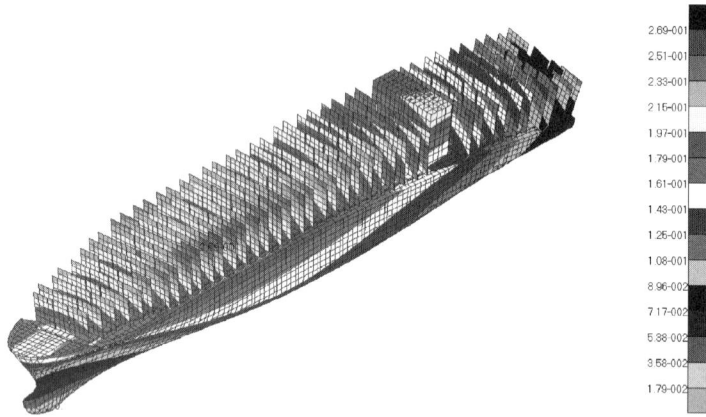

图 5.41　整船有限元模型变形云图

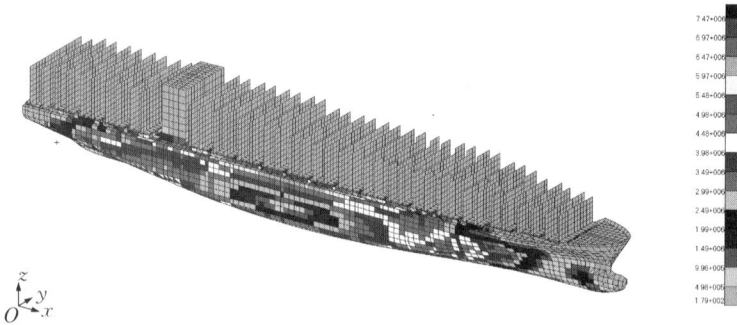

图 5.42　整船有限元模型应力云图

（4）根据计算应力，对集装箱船的屈服强度和屈曲强度进行校核。

（5）按照结构详细分析的要求，对舱口角隅进行结构细化分析（见图 5.43）。

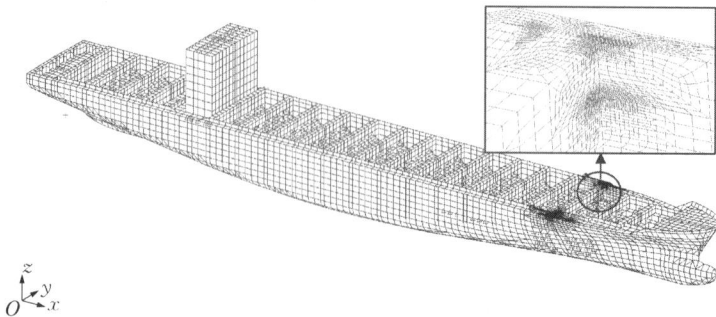

图 5.43　集装箱船舱口角隅

习　题

（1）常用的船体结构直接设计法包括哪些方法？

（2）船体结构直接设计法能否替代规范设计法？

（3）目标船已经满足规范设计法的构件尺度要求，为什么还需要开展船体结构直接设计法？

（4）当规范设计法已经满足要求，而船体结构直接设计法未能通过校核，是否需要修改结构设计，为什么？

（5）按照 CCS 规范开展的船体结构直接设计能否直接送审其他船级社（如 ABS，LR，DNV-GL 等），为什么？

参考文献

［1］王杰德，杨永谦. 船体强度与结构设计［M］. 北京：国防工业出版社，1995.

［2］中国船级社. 钢质海船入级规范［M］. 北京：人民交通出版社，2015.

第6章

船体结构的可靠性设计方法

▼

6.1 结构可靠性设计方法简述

在材料力学及弹性力学方法发展起来以后,早期的结构设计方法是许用应力法。假设材料为均匀弹性体,分析结构上所受到的载荷作用,用结构力学或材料力学的方法算出构件中的应力分布,确定危险点上的工作应力值;再根据经验及统计资料确定许用应力;设计时保证最大应力不超过材料的许用应力,称为强度判据,满足了结构的强度要求,因而认为结构在工作中不会破坏。考虑到工作中的各种不确定因素,由许用应力乘以安全系数后,得出结构强度,确定结构的规格尺寸。这种方法称为传统设计法或确定性设计法,以往的结构设计均采用此法。设计时,作用于结构上的载荷以及结构的承载能力均用定值,若有动载荷作用于结构,则将动载荷换算成静载荷进行计算。

长期以来在研究船体结构强度、进行结构设计时,都应用这种确定性原理,但实际上必须处理许多不确定性:①作用于结构的载荷具有很大的变动性和随机性,特别是波浪载荷。波浪是由许多随机因素决定的随机过程,波浪载荷则是船体对波浪随机过程的响应,因此只能用概率统计方法才能适当确定。②材料性能的不确定性。像屈服极限、强度极限、疲劳极限等,即使是同一钢号、同一炉号,在同一根坯料上取样,取样的部位也相同,做多试样试验所得的值都不会完全相同。这是因为材料的"缺陷"左右实际材料的性能,而材料的"缺陷"形成又取决于许多随机因素。③加工、制造中的不确定性。例如,板厚、型材剖面尺寸、建造质量的偏差(板的初始变形及切口、开口部位的加工缺陷等)。此因素对结构强度的影响特别大,结构即使由具有同一力学性能的确定材料制成,其实际结构强度仍是不确定的。④分析研究中的不确定性。它包括由于缺乏充分的信息资料而产生的在统计方面的近似造成的不确定性(如对海洋波浪和波浪荷载所做的假设和近似)和由于

结构模型化所作的假设、近似、理想化而造成分析精度的不确定性。⑤在船舶使用
过程中的一些人为的不确定性。例如,使用不当(不正确的装载驾驶错误等)或改
变了船舶的用途等。

　　为便于分析研究,一般将这些不确定性分为两类:客观不确定性(或统计不确
定性)和主观不确定性(或近似不确定性)。客观不确定性包括上述前 3 种不确定
性,它是指所处理物理量的实际可变性、随机性,因而也称为物理不确定性,这种不
确定性可用概率分布或随机过程描述,因而可通过统计理论的基本定律和关系计
算。主观不确定性主要是指分析研究中的不确定性,它是由于资料和知识的缺乏
在分析计算过程中作出的各种简化、假设近似、判断等所引起的,这种不确定性只
能根据经验的积累和主观判断确定。

　　近年来,力学分析考虑了材料的非线性,应用电子数字计算机进行复杂的力学
分析计算,结构试验方面也更趋完善和精确,因而发展了动强度决定论方法。有些
结构,其所承受的载荷,诸如阵风载荷、振动载荷、波浪作用等,会随时间而很快地
发生变化。在这种方法中,一般借助一个动力学系数而予以考虑。但现在这种方
法还远没有达到完美的程度,因而趋向用概率方法代替。

　　在确定性设计法中,所用载荷及材料性能等数据均取平均值,或者取所谓的最
大或最小值,没有考虑到数据的分散性,而且在设计中引入了一个大于 1 的安全系
数,这种安全系数在很大程度上由设计者根据经验确定,带有一定的不确定性或盲
目性,特别是运用新材料对新产品的设计更是如此。当设计者不能确信设计的产
品安全可靠,或者说,对设计的产品心中无数时,一般地说,采用大的安全系数是正
确的,能够减少结构失效的机会。然而,这并不能绝对防止结构失效的发生;相反,
造成了结构重量的增加,材料的浪费和结构性能的降低,显然不是一种优点。

　　可靠性设计又称为概率设计。这种设计方法认为,作用于结构的真实外载荷
及结构的真实承载能力,都是概率意义上的量,设计时不可能予以精确的确定,称
为随机变量或随机过程,服从一定的分布。以此为出发点进行结构设计,能够与客
观实际情况更好地符合。能够根据结构的可靠性要求,把失效的发生控制在一种
可接受的水平。这种方法的优势是给出了结构可靠程度的数量概念。对于船舶
与海洋工程结构物,概率设计法的明显优点是重量减小,并能降低成本和提高
性能。

　　在基于可靠性的概率设计法中,能够考虑两方面的问题。其一是根据推导的
或假设的随机变量的概率分布,包括应力和强度的分布,进行结构可靠性分析,从
而得到失效模式类型,应力情况和失效模式数,它们的统计相关性及必要的计算模
型。其二是给定失效概率或可靠性指标,在参数允许域内进行设计,这些参数可以

是成本或重量等。

在结构可靠性设计中,在不能确定应力和强度及其他有关基本设计变量具体分布的情况下,往往作出正态分布假设。这是因为正态分布的数学形式易于处理,根据正态假设而拟定的步骤在概念上和计算上往往很简单;正态分布的二参数分布曲线族之一完全可用均值和标准差描述。分析表明,正态分布能较合理地描述应力、强度及其他设计变量的统计特性。

6.2 结构可靠性理论的基本概念

6.2.1 结构的可靠性和可靠度

任何工程结构设计的基本目的都是在一定的经济条件下,使结构在预定的使用时期内,实现其预定的功能。这就要求结构必须能承受在正常施工和正常使用时,可能出现的各种载荷和/或载荷效应(载荷引起结构构件的内力、位移等),并在偶然事件发生时及发生后,仍能保持必需的整体稳定性,即要求结构是安全的;同时,结构在正常使用时,要适合使用要求,并在正常的维护保养下,具有足够的耐久性能。这就是说,要求所设计的结构必须是安全的、适用的、耐久的。

自19世纪初以来,结构的安全性衡量都普遍采用确定性的许用应力法。但是,由于实际存在着的上述不确定性,结构安全与否、可靠与否不可能是绝对的。也就是说,不能要求所设计的结构是绝对安全的或绝对可靠的,而只能要求结构发生破坏的可能性是足够小的。

通常,将结构在规定条件下和规定时间内,完成其预定功能的能力,定义为结构的可靠性。在规定的条件下和规定的时间内,结构完成其功能的概率称为结构的可靠度。由此可知,结构的可靠度是结构可靠性的概率度量。

这里强调"规定时间",是由于作用在结构上的载荷是随时间而变的随机过程,并且结构的材料性能亦会随时间而变。因此,结构的可靠度应是结构在载荷环境中的时间函数。当然,这里所说的"规定时间"只是计算可靠度的参考时间坐标,它与结构的实际使用寿命有一定的联系,但不能简单地等同起来。当结构的使用年限超过上述"规定时间"后,结构破坏的可能性会增大,但并不等于结构丧失功能或报废。

6.2.2 结构的极限状态

上面所说的"完成预定功能"一般是以结构是否达到"极限状态"为标志的。关于极限状态的概念和与它相应的极限状态设计法,是指在一个或几个载荷和(或)载荷效应作用下,一个结构或一个构件已失去了它应起的各种作用中的任何一种作用时的状态。结构或构件达到极限状态,就不能实现其预定的设计目的。所以,结构的极限状态实质上就是结构有效(可靠)或失效(不可靠)的界限。

极限状态主要有承载能力极限状态和可用性极限状态两类。承载能力极限状态是指结构或构件被破坏,从而失去其主要承担载荷的作用状态,例如,出现塑性变形、失稳及断裂等,这种状态的出现将导致严重的灾难事故和大量财产损失,所以要求其出现的可能性(概率)应当很低;可用性极限状态是指结构被弱化或失去了其他的、不太重要的功能时的状态,例如,发生了影响正常使用(或外观)的变形、局部损坏(包括裂缝)或振动等,这种状态的出现虽对船舶的危害较小,但会影响结构的正常使用,甚至也会导致灾难事故的发生(如舱口角隅裂缝的扩展会导致整个船体的断裂)。

对最简单的结构构件,极限状态可用两个随机变量 R 和 S 描述,即

$$Z = R - S = 0 \qquad\qquad (6.1)$$

式中,R——产生或对应一种极限状态的载荷或载荷效应值,称为结构构件的载荷或载荷效应极限值,通常称为抗力或强度,它是结构抵抗破坏或变形的能力;

　　　S——作用的实际载荷或载荷效应值。

由于 R 是材料性能、构件几何尺寸的函数,而 S 是环境载荷、构件几何尺寸等的函数,因此实际上 R 和 S 可能不是统计独立的,例如,剖面尺寸对结构强度和自重各自都有影响。所以,对结构的每一种极限状态最好都用一组 n 维对结构响应起支配作用的基本变量 $X_i (i = 1, 2, \cdots, n)$ 表达,即用下列极限状态方程式描述:

$$Z = g(X_1, X_2, \cdots, X_a) = 0 \qquad\qquad (6.2)$$

如前所述,作为基本变量的有环境载荷、材料的力学性能及结构和构件的几何参数等。$g(\cdot)$ 通常称为结构的"功能函数"(或极限状态函数)。

6.2.3　结构的失效边界面及失效概率

结构的极限状态用极限状态方程式(6.1)或式(6.2)描述时,极限状态方程式在以 n 维基本变量为坐标轴的空间中定义了一个 $(n-1)$ 维的超曲面(式(6.1)一根直线)。这个超曲面通常称为极限状态失效边界,这是因为这个曲面将基本变量空间划分为两部分,即可靠区 D_s 和失效区 D_f(图 6.1 说明的是二维情况)。可靠

区包括一切不引起结构失效的一组基本变量的现实,失效区包含导致结构失效的一切现实,即

$$Z = g(X_1, X_2, \cdots, X_n) > 0 (结构处于可靠状态)$$
$$Z = g(X_1, X_2, \cdots, X_n) \leqslant 0 (结构处于失效状态)$$

因此,也常将 $g(\cdot)$ 称为失效函数。

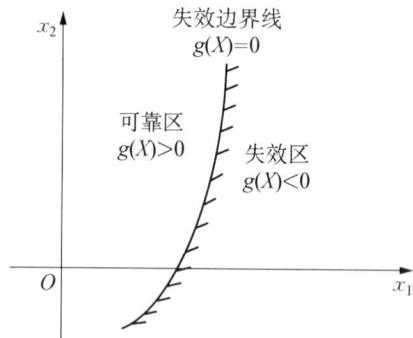

图 6.1 基本变量空间、可靠区、失效区及失效边界面

由于 Z 是所有相关随机变量的函数,所以 Z 也是随机变量,即 $Z > 0$, $Z \leqslant 0$ 都是随机事件。因此,当仅考虑包括一种载荷的极限状态时,结构的失效概率 P_f 为

$$P_f = P(Z \leqslant 0) = P[g(X_1, X_2, \cdots, X_n) \leqslant 0] \tag{6.3}$$

相反,结构不发生失效的概率即可靠度 P_δ 为

$$P_\delta = P(Z > 0) = P[g(X_1, X_2, \cdots, X_n) > 0] \tag{6.4}$$

由概率论可知:

$$P_f + P_\delta = 1 \tag{6.5}$$

应特别注意,这里"失效"一词是广义概念上的,由上述分析可知,它表示结构不能实现其预定的设计目的,"失效"可以指结构发生实际破坏,也可以是并不发生实际结构破坏。因此随机变量 Z 称为安全裕度,而结构发生破坏的概率称为结构的危险率,不发生破坏的概率称为结构的安全度。

由此可知,结构失效的可能性总是存在的,但只要失效概率很小,小到认为可接受的水平,就认为结构是安全、可靠的。因此,一个理想的结构设计方法其安全性、可靠性衡准应该是以概率论为基础,因而必须提供一种手段,借此设计者可以

保证结构的可靠度满足或超过必要的水平。

6.2.4　设计变量的概率特征

要进行结构可靠性设计,必须知道应力、强度及其他一些设计变量的概率特征,这包括它们的分布规律和分布参数。为此,需要进行大量的理论研究,并要求对大量的统计资料加以整理和加工。但是由于统计力学发展较晚,可靠性设计所必需的一些数据还很不完备。这样,在实际结构可靠性设计中,可以利用现有的强度计算公式及标准或手册中所给出的设计数据,确定应力和强度的概率特征,以进行结构可靠性分析计算和结构可靠性设计。

原有设计标准或设计手册中的数据称为设计的标准值或规范值,是根据传统的安全系数设计方法而规定的,均为确定值,它满足了传统设计法中的分析、计算和设计需要。标准或手册中给出的规范值是通过抽样试验依据某一保证度而定的。

假设某一随机变量 X,设计手册或规范中按国标或部标给出的值为 X_k,这是一个确定值,称为标准值。引入系数

$$a_x = \frac{X_k - \mu_x}{\sigma_x} \tag{6.6}$$

式中, a_x——随机变量 X 的保证度系数;

μ_x, σ_x——随机变量的均值和标准差。如果引入随机变量 X 的变异系数 $V_x = \sigma_x / \mu_x$,从而得出随机变量 X 的均值 μ_x 和标准差 σ_x 的表达式为

$$\mu_x = \frac{x_k}{(1 + V_x a_x)} \tag{6.7}$$

$$\sigma_x = \frac{V_x x_k}{(1 + a_x V_x)} \tag{6.8}$$

在现行的正态可靠性分析和设计中,如果不能确定应力和强度的具体分布形式,则根据中心极限定理,一般假设应力和强度为正态随机变量,确定分布的两个参数——均值和标准差即可。

根据应力的标准值,应力的均值和标准偏差分别为

$$\mu_s = \frac{S_k}{(1 + a_s V_s)} \tag{6.9}$$

$$\sigma_s = \frac{v_s S_k}{(1 + a_s V_s)} \tag{6.10}$$

式中，V_s——应力变异系数，取值范围多在 0.1～0.3 之间，设计强度值中无任何依据可循时，一般可取 0.2；

$\qquad a_s$——应力的保证度系数。因为一般手册中给出的设计用应力标准值要大于应力平均度，所以式(6.9)和式(6.10)中的 a_s 取正值。设计中一般要求保证 99％的实际应力应低于设计用的标准应力，故一般可取 a_s 为 2.33。

虽然关于材料强度的概率资料远比应力的情况多，但现有的也只是一些个别材料的强度分布。在现有设计手册或材料手册中，强度限 σ_b、屈服限 σ_y 或 σ_s、弹性模量 E 等都是一些定值。在结构可靠性设计中，认为这些量均为随机变量。在正态分布的假设下，根据定值能够得出强度的均值和标准差近似为

$$\mu_R = \frac{R_k}{(1 + a_R V_R)} \tag{6.11}$$

$$\sigma_R = \frac{v_R R_k}{(1 + a_R V_R)} \tag{6.12}$$

式中，R_k——国标或部标所给定的材料强度的标准值或规范值；

$\qquad V_R$——材料强度的变异系数，对于具有相同特征的同种材料，强度变异系数取相同的值，在一些文献中给出了某些材料变异系数 V_R 的取值范围，例如对钢材和铝合金材料，强度变异系数的取值范围为 0.02～0.1，因此，若无其他依据时，对钢材而言，可考虑取变异系数为 0.05；

$\qquad a_R$——材料强度的保证度系数。

对于设计中的其他一些基本设计变量，例如弹性模量和材料规格参数等，标准手册中给出的都是定值，但在可靠性设计中均视其为随机变量，服从一定的分布。若限于有限的统计资料，给不出具体的分布形式及分布参数，均可假设其服从正态分布，根据上述方法，得出设计变量的均值和标准差。

假设某种板材的厚度为 δ，其实际值为一随机变量，由标准手册中查得其规范值为 δ_k，可由下式确定这种板材厚度的均值和标准差。

$$\mu_\delta = \frac{\delta_k}{1 + a_\delta V_\delta} \tag{6.13}$$

$$\sigma_\delta = \frac{v_\delta \delta_k}{1 + a_\delta V_\delta} \tag{6.14}$$

式中，δ_k——板材的名义厚度；

$\qquad V_\delta$——厚度的变异系数；

a_δ——板材厚度的保证度系数。

类似地,可将该法推广到可靠性分析计算和设计中涉及的任何量,从而得出它们的近似概率特征。

以上提供的方法,只是在缺乏足够资料和统计数据情况下的一种近似方法,会有一定的误差,但是作为一种过渡办法,能够部分地解决由于统计资料不足而给结构可靠性分析和设计带来的困难。一旦有了足够的统计资料或给出了适于结构可靠性设计的标准和手册,应采用更精确的数据进行分析计算和设计。

6.2.5　构件的安全水平和安全等级

在结构可靠性设计中,"能接受的失效概率的标准是什么"是一个非常重要的课题。一般来说,不同的结构或构件失效所造成的后果(社会的、经济的或个人的损失,对整个构件或其他构件的安全性、适用性的影响程度)是不同的。因此,结构或构件的安全水平应根据其失效类型和所造成的后果严重性而划分为不同的等级。

我国《建筑结构设计统一标准(草案)》将安全等级划分为 3 级,如表 6.1 所示。对于承载能力极限状态,各安全等级所对应的可靠指标如表 6.2 所示。

表 6.1　安全等级

安全等级	破坏后果	建筑物类型
一级	很严重	重要建筑
二级	严重	一般工业与民用建筑
三级	不严重	次要建筑

表 6.2　可靠指标

破坏类型	安全等级		
	一级	二级	三级
延性破坏	3.7	3.2	2.7
脆性破坏	4.2	3.7	3.2

国际安全度联合委员会(JCSS)制定的《结构统一标准规范的国际体系》第 1 卷对各类结构和各种材料的共同统一规则中,提出的国际标准(建议)的年风险率 p_f 如表 6.3 所示。

表 6.3　年风险率

遭受危险 平均人数	经济后果		
	很严重	严重	不严重
少(<0.1)	10^{-5}	10^{-4}	10^{-3}
中等	10^{-6}	10^{-5}	10^{-4}
多(>10)	10^{-7}	10^{-6}	10^{-5}

　　国内外许多学者都在探索如何选择结构的最优失效概率或设计(目标)可靠指标。假若结构的失效不是因为人员伤亡事故,则可根据经济准则决定必要的安全水平。为此可采用广义成本标准 C_g,即

$$C_g = C_i + P_f C_f \tag{6.15}$$

式中,C_i——初始造价加使用时的维修费用,减去不再使用时船的价值;

　　P_f——失效概率;

　　C_f——总的建造或修理费、停航收入损失和其他直接或间接由失效引起的费用。失效概率 P_f 则由广义使用成本 C_g 为最小这个条件决定。实际上,设计可靠指标的选择不仅与整个国家的技术经济政策有关,而且涉及船舶经济后果和人民生命财产,还会产生严重的社会和政治后果。

　　由于安全性和可用性是衡量一艘船是否完好的两个主要特征,结构失效的严重程度应当用它们对安全性和可用性影响的可能后果划分。在船体结构的领域里,还缺乏许多有效的统计数据,对结构的失效模型和标准还要做许多研究工作,为确定结构的设计(目标)可靠指标更需要对大量实船系统进行可靠性分析。

　　分项安全系数的确定应以近似概率方法对现有实船的可靠度进行计算,找出隐含于现有结构中的相应可靠指标值、分项安全系数值,综合分析和整理,制订今后设计应采用的标准。

　　在下式中 γ_{S1},γ_{S2},γ_{SC} 3 个分项安全系数都用于载荷,因此常称为载荷系数。若令

$$\gamma_Q = \gamma_{S1} \gamma_{S2} \gamma_{SC} \tag{6.16}$$

式中,γ_Q——总载荷系数;

　　γ_{SC}——系数,考虑载荷和载荷效应的近似不确定性;

　　γ_{S1}——系数,考虑结构失效对安全性影响的严重程度,但是要注意的是,该严重程度还与船舶类型(客船、货船、军舰、危险品船等)、船舶使用的重要性和成本

等因素有关,例如,一个给定类型的结构破坏,如果发生在运输危险物品的货船上会更严重些,因此最合理的是对各个安全等级给出一组 γ_{S1} 的值;

γ_{S2}——系数,考虑结构失效对可用性影响的严重程度,一种失效对可用性的影响程度取决于船舶主要功能的重要性,或者由船舶管理系统的经济规模决定,例如,同一个破坏造成了船舶停航 2 周的修理,但它对高速船所造成的损失比低速船相对严重些,因此,γ_{S2} 通常不是由安全机关规定的,而应由设计者或者船舶的管理者根据经济和营运准则决定。

6.3　结构概率设计方法的基本原理

工程结构设计自 20 世纪 70 年代以来,在国际上普遍采用以概率论为基础的极限状态设计方法,即概率设计方法。结构可靠性分析取得了巨大的进展,并且已逐渐反映到一些结构设计的规范中。但是,由于船舶载荷及响应的复杂性,这一方法在船体结构设计领域中的应用仍处于初级阶段。

根据发展阶段和精确程度的不同,当前国际上将概率设计方法分为 3 个水准:

水准 3——全概率设计方法。这种方法是完全基于概率论的设计方法。它要求对结构响应起作用的各种基本变量做出联合出现的精确概率描述,还要考虑失效范围的准确性质,以求得的结构或结构构件"精确"失效概率作为可靠度的直接度量。

水准 2——近似概率设计方法。这种方法包含某些近似迭代计算过程,运用概率论和数理统计对结构或构件的失效概率做出近似估计,一般要使失效范围理想化,而且通常要简化变量的联合概率分布的表达式。

水准 1——半概率设计方法。这种方法是对影响结构安全的某些量运用数理统计分析,并与经验相结合引入一些经验系数,故又称半概率半经验设计方法。该方法对结构的可靠度不做出定量的估计,结构可靠度的合适程度是应用许多分项安全系数在结构构件的基础上(有时在结构的基础上)提供的,这些分项安全系数与结构和载荷的主要变量所预先确定的特征值或标准值有关。

6.3.1　全概率设计方法

这种方法,首先要求确定一组对结构响应起作用的基本变量,称为基本变量集 X(如载荷、材料性能、构件几何尺寸等),即

$$X = (X_1, X_2, \cdots, X_n) \tag{6.17}$$

式中,X——随机变量。

令

$$x = (x_1, x_2, \cdots, x_n) \tag{6.18}$$

称为 X 的一个现实。

然后,对每一极限状态

$$Z = g(X_1, X_2, \cdots, X_n) = 0 \tag{6.19}$$

定出 n 个变量 X_i 联合出现的精确概率描述,即概率密度函数 $f(x_1, x_2, \cdots, x_n)$ 和概率函数 $F(x_1, x_2, \cdots, x_n)$。

分布函数

$$F(x_1, x_2, \cdots, x_n) = P(X_1 \leqslant x_1 \prod X_2 \leqslant x_2 \prod \cdots \prod X_n \leqslant x_n) \tag{6.20}$$

概率密度函数

$$f_z(z) = f(x_1, x_2, \cdots, x_n) = \frac{\partial^n F(x_1, x_2, \cdots, x_n)}{\partial x_1 \partial x_2 \cdots \partial x_n} \tag{6.21}$$

若 $Z \leqslant 0$,则结构失效,失效的概率为

$$P_f = P(Z \leqslant 0) \tag{6.22}$$

利用概率论知识,即

$$P_f = \int_{-\infty}^{0} f_z(z) \, \mathrm{d}z$$

或

$$P_f = \iint_{D_f : g(X) \leqslant 0} \cdots \int f(x_1, x_2, \cdots, x_n) \, \mathrm{d}x_1 \mathrm{d}x_2 \cdots \mathrm{d}x_n \tag{6.23}$$

式中,D_f——$g(X) \leqslant 0$ 的积分区域。

若基本变量 X_i 是相互独立的,则

$$f(x_1, x_2, \cdots, x_n) = f_1(x_1) f_2(x_2) \cdots f_n(x_n) \tag{6.24}$$

由此

$$P_f = \iint_{D_f : g(X) \leqslant 0} \cdots \int f_1(x_1) f_2(x_2) \cdots f_n(x_n) \, \mathrm{d}x_1 \mathrm{d}x_2 \cdots \mathrm{d}x_n \tag{6.25}$$

对于最简单的情况,是将 Z 表达为结构的抗力 R 和载荷或载荷效应 S 的函

数,即 $Z=g(R,S)$ 。又设 $F(r,s)$ 为 (R,S) 的联合概率分布函数,表示 $R\leqslant r$ 与 $S\leqslant s$ 同时发生的概率;$f(r,s)$ 为 (R,S) 的联合概率密度函数,表示 $R=r$ 和 $S=s$ 同时发生的概率密度(见图 6.2),即

$$F(r,s)=P(R\leqslant r\prod S\leqslant s) \tag{6.26}$$

$$f(r,s)=\frac{\partial^2 F(r,s)}{\partial r\partial s} \tag{6.27}$$

通常,R 和 S 是统计独立的随机变量,即有

$$F(r,s)=F_R(r)F_S(s) \tag{6.28}$$

$$f(r,s)=f_R(r)f_S(s) \tag{6.29}$$

也就是说,若 R 和 S 是统计独立的,则可将联合概率密度函数转变为 R 和 S 的单变量模式,如图 6.3 所示,它是空间二维变量的平面表达。

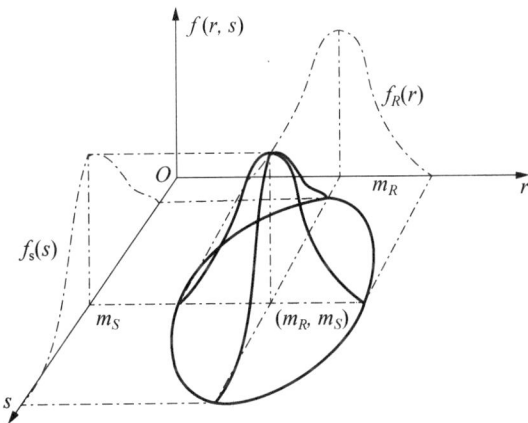

图 6.2　R 和 S 的联合分布

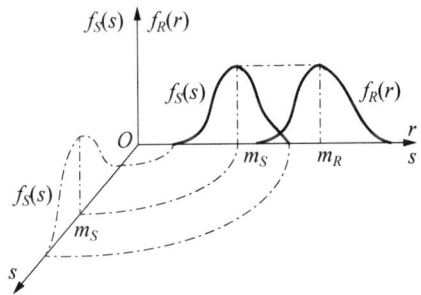

图 6.3　强度和载荷分布模型

在图 6.3 两曲线的重叠区内,若 $R\leqslant S$,则结构失效,失效概率(或结构的危险率)为

$$P_f=P(R\leqslant S)$$

利用概率论知识,即

$$P_f=\iint_{D_f:R-S\leqslant 0}f(r,s)\,\mathrm{d}r\mathrm{d}s=\iint_{D_f}f_n(r)f_s(s)\,\mathrm{d}r\mathrm{d}s=\int_0^\infty\left[\int_0^s f_R(r)f_S(s)\,\mathrm{d}r\right]\mathrm{d}s$$

$$= \int_0^\infty f_S(s) \left[\int_0^s f_R(r) \, dr \right] ds$$

$$= \int_0^\infty f_S(s) F_R(s) \, ds \tag{6.30}$$

结构的失效概率 P_f 还可以用图 6.4 说明如下:载荷或载荷效应 S 在 S 和 $s +$ ds 之间的概率为 $f_S(s)ds$,$F_R(s)$ 是 $R \leqslant S$ 的概率,即 $F(r, s) = P(R \leqslant S)$。当 R 和 S 为统计独立时,此二事件同时出现的概率为这二件事单独出现的概率之乘积 $F_R(s)f_S(s)ds$。此乘积在 S 的全域内积分即得式(6.30)。

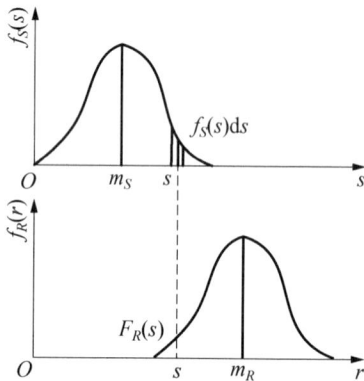

应该注意,失效概率 P_f 不是图 6.3 中两个概率密度函数 $f_R(r)$ 和 $f_S(s)$ 重叠部分的面积。同理,可得可靠度 P_r 为

$$P_r = P(R - S > 0) = \int_0^\infty f_R(r) F_S(r) \, dr \tag{6.31}$$

这样,全概率设计就是利用全部有关量的完整概率分布函数,对各载荷和相应的每一极限状态按式(6.30)在整个失效区计算失效概率 P_f,在此基础上,求得总失效概率。若总失效概率很小,小到认为可接受的水平,就认为设计的结

图 6.4 失效概率公式的推导

构是可靠的,否则应对设计进行修改,以调整总失效概率的大小,达到规定的许可水平为止。

6.3.2 近似概率设计方法——一次二阶矩理论

水准 2——近似概率设计方法,就是在随机变量的分布尚不清楚时利用概率分布的两个数字特征——一阶原点矩(均值)和二阶中心矩(方差)近似描述随机变量的统计特性和估算失效概率或可靠指标,并在计算时采用了线性化近似。所以,该法又称为一次二阶矩法。

二阶矩法可分为两种情况:

(1) 不考虑随机变量的实际分布,在分析时以均值处(中心点)的线性近似表示功能函数,故简称中点法。

(2) 在设计验算点处将功能函数进行线性近似、计算可靠指标,并且可考虑随机变量的实际分布,一般称为改进的一次二阶矩法或简称验算点法。

因此,水准 2 方法在分析中假设了平面(或直线)失效边界面,并且仅仅在失效边界面上的点上进行安全检验。

1) 均值(中心点)一次二阶矩法

(1) 可靠指标。

前面已指出,对某失效模式,结构的失效概率为

$$P_f = P(Z \leqslant 0)$$

设 m_Z 及 σ_Z^2 分别为 Z 的一阶原点矩(均值)和二阶中心矩(方差), σ_Z 称为标准差,如图 6.5 所示,均值和方差分别对应于图形的形心到原点的距离和中心惯性矩。于是有

$$P_f = P\left(\frac{Z - m_Z}{\sigma_Z} \leqslant -\frac{m_Z}{\sigma_Z}\right) \tag{6.32}$$

在概率论中,标准差与均值的比值定义为变异系数,即

$$V_Z = \frac{\sigma_Z}{m_Z} \tag{6.33}$$

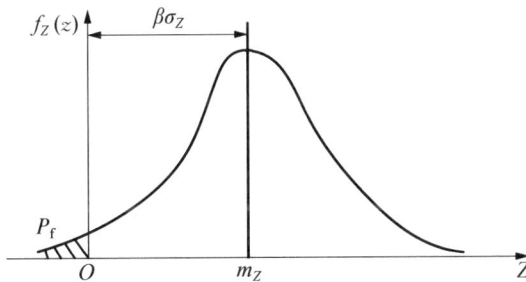

图 6.5　失效概率与可靠指标的关系

又引入"标准化安全裕度" $\hat{Z}$,即

$$\hat{Z} = \frac{Z - m_Z}{\sigma_Z} \tag{6.34}$$

$\hat{Z}$ 具有零均值($m_Z = 0$)和单位方差($\sigma_Z^2 = 1$),则式(6.32)变为

$$P_f = P\left(\hat{Z} \leqslant -\frac{1}{V_Z}\right) \tag{6.35}$$

因此, V_Z 的倒数与 P_f 之间存在一一对应的关系。

令

$$\beta = \frac{1}{V_Z} = \frac{m_Z}{\sigma_Z} \qquad (6.36)$$

称为可靠指标。

于是,失效概率可由可靠指标表示:

$$P_f = P(\hat{Z} \leqslant -\beta) = F_Z(-\beta) \qquad (6.37)$$

即可靠指标与失效概率 P_f 之间存在一一对应关系。由图 6.5 可知,失效概率 P_f 是概率密度函数 $f_Z(z)$ 的尾部与 OZ 轴所围的面积(简称尾部面积),β 是 m_Z 到原点(即失效状态)的以标准差 σ_Z 为量测单位的距离。如果保持 σ_Z 不变,则增大 β,即 m_Z 向右移动,从而使概率密度曲线向右移,于是便减小了尾部面积即减小了失效概率 P_f。因此,β 和 P_f 一样可以作为衡量结构可靠性的一个指标。而 β 仅与 m_Z 和 σ_Z 两个量有关,这就可使计算大为简化。

在一般情况下,式(6.19)的功能函数 $g(\cdot)$ 是非线性的。以均值处的线性近似表示,即将 $g(\cdot)$ 在均值 $\bar{X} = (m_{X1}, m_{X2}, \cdots, m_{Xn})$ 处做泰勒级数展开,且只保留一次项,可得

$$Z = g(\bar{X}) \approx g(m_{X1}, m_{X2}, \cdots, m_{Xn}) + \sum_{i=1}^{n} \frac{\partial g}{\partial X_i}\bigg|_{X_i = m_{X_i}} (X_i - m_{X_i})$$

则 Z 的均值 m_Z 和标准差 σ_Z 可如下近似求得

$$m_Z \approx g(m_{X1}, m_{X2}, \cdots, m_{Xn}) = g(\bar{X}) \qquad (6.38)$$

$$\sigma_Z \approx \left[\sum_{i=1}^{n} \left(\frac{\partial g}{\partial X_i}\bigg|_{X_i = m_{X_i}} \right)^2 \sigma_{X_i}^2 \right]^{\frac{1}{2}} \qquad (6.39)$$

式(6.39)假设 X_i 相互独立。

因此,对功能函数以 $Z = R - S$ 表示时,则有

$$\left. \begin{array}{l} m_Z = m_R - m_S \\ \sigma_Z = \sqrt{\sigma_R^2 + \sigma_S^2} \\ \beta = \dfrac{m_Z}{\sigma_Z} = \dfrac{m_R - m_S}{\sqrt{\sigma_R^2 + \sigma_S^2}} \end{array} \right\} \qquad (6.40)$$

但若假定

$$Z = \ln \frac{R}{S} = \ln R - \ln S \qquad (6.41)$$

则

$$
\left.\begin{aligned}
m_Z &= \ln m_R - \ln m_S \\
\sigma_Z &\approx \sqrt{V_R^2 + V_S^2} \\
\beta &\approx \frac{\ln m_R - \ln m_S}{\sqrt{V_R^2 + V_S^2}}
\end{aligned}\right\}
\tag{6.42}
$$

式中，$V_R = \sigma_R / m_R$，$V_S = \sigma_S / m_S$，且 V_R 和 V_S 均小于 0.3。

（2）可靠指标与失效概率的关系。

由于可靠指标 β 与失效概率 P_f 存在一一对应关系，当 Z 的分布确定之后，β 与 P_f 的关系也就确定了。

假定 R 和 S 均服从正态分布，则 Z 也服从正态分布，Z 的概率密度函数为

$$
f_Z(z) = \frac{1}{\sqrt{2\pi}\,\sigma_Z} \exp\left[-\frac{1}{2}\left(\frac{z - m_Z}{\sigma_Z}\right)^2\right]
\tag{6.43}
$$

此时，失效概率为

$$
\begin{aligned}
P_f &= \int_{-\infty}^{0} \frac{1}{\sqrt{2\pi}\,\sigma_Z} \exp\left[-\frac{1}{2}\left(\frac{z - m_Z}{\sigma_Z}\right)^2\right] \mathrm{d}Z \\
&= \int_{-\infty}^{\frac{m_Z}{\sigma_Z}} \frac{1}{\sqrt{2\pi}} \exp\left(-\frac{u^2}{2}\right) \mathrm{d}u = 1 - \Phi\left(\frac{m_Z}{\sigma_Z}\right)
\end{aligned}
$$

即

$$
P_f = 1 - \Phi(\beta) = \Phi(-\beta)
\tag{6.44}
$$

式中，$\Phi(\cdot)$——标准化正态分布函数；

β——按式(6.40)计算。

如果 R 和 S 服从对数正态分布，即 $\ln R$ 和 $\ln S$ 服从正态分布，则功能函数 $\ln(R/S)$ 也服从正态分布。所以 P_f 仍可按式(6.44)计算，但式中 β 应按式(6.42)计算。

利用式(6.44)查正态分布表，得到可靠指标与失效概率的关系，如表 6.4 所示。

表 6.4　可靠指标与失效概率的关系

β	1.00	1.64	2.00	3.00	3.09	3.22	3.72	4.00	4.26	4.50
P_f	15.87×10^{-2}	5.05×10^{-2}	2.27×10^{-2}	1.35×10^{-3}	1.00×10^{-3}	6.41×10^{-4}	1.01×10^{-4}	3.17×10^{-5}	1.02×10^{-5}	3.4×10^{-6}

结果表明,若 $P_f \geqslant 10^{-3}$ ($\beta \leqslant 3.09$),则 Z 的分布类型对 P_f 值的影响不大,即不论假设 Z 是怎样的分布(当然要合理),计算所得 P_f 的值大都在同一数量级。因此,当 $P_f \geqslant 10^{-3}$ 时,可以不考虑实际的分布类型计算 P_f 的值。但是,对 $P_f < 10^{-5}$ ($\beta > 4.26$) 的情况,采用不同的分布类型会使 P_f 值在几个数量级的范围内变动,因此就不能随意采用正态或对数正态分布为 Z 的分布。

中心点法的优点是:可以直接给出可靠指标与随机变量统计参数之间的关系,计算简便,对于 $\beta = 1 \sim 2$ 的可用性极限状态的可靠性分析尤为适用。存在的主要问题是:①不能考虑随机变量的实际分布,如上所述,若 $\beta > 4.26$ 就不能正确估计结构的失效概率;②对非线性极限状态函数,由于在均值处按泰勒级数展开,函数的非线性程度越厉害,结果的误差就越大;此外,若选择不同的力学等效的非线性极限状态方程,还将会给出不同的 β 值。因此,近年来一般都应用下述改进的一次二阶矩法。

2) 改进的(验算点)一次二阶矩法

关于改进的一次二阶矩法,这里仅做一些概念的介绍。

(1) 可靠指标与设计验算点的概念。

假设极限状态方程

$$Z = g(X_1, X_2, \cdots, X_n) = 0$$

是由相互独立的随机变量所组成。它在以 $X_1, X_2, \cdots, X_n$ 为坐标轴组成的 n 维空间是一个将该空间划分为可靠区与失效区两部分的曲面。

那么,引入标准化随机变量

$$\widehat{X}_i = \frac{X_i - m_{X_i}}{\sigma_{X_i}} \quad (i = 1, 2, \cdots, n) \tag{6.45}$$

则上述极限状态方程式在新坐标系 $\widehat{OX}_1\widehat{X}_2\cdots\widehat{X}_n$ 中表示为

$$Z = g(\widehat{X}_1\sigma_{X_1} + m_{X_1}, \widehat{X}_2\sigma_{X_2} + m_{X_2}, \cdots, \widehat{X}_n\sigma_{X_n} + m_{X_n}) = 0 \tag{6.46}$$

应注意,此时

$$m_{\widehat{X}_i} = 0, \ \sigma_{\widehat{X}_i} = 1$$

这意味着在坐标系中,坐标原点 $\widehat{O}$ 就是原坐标中的均值点,同时新坐标系相对于标准差旋转对称。

在新坐标系中(图 6.6 是简单的三维情况),过原点 $\widehat{O}$ 作极限状态曲面的垂直线,得垂足 P^* 为设计验算点。而在新坐标系中,从原点 $\widehat{O}$ 到极限状态曲面的最短距离 $\widehat{O}P^*$ 定义为可靠指标 β。在一般情况下,垂线 $\widehat{O}P^*$ 对坐标向量的方向余弦为

$$\cos\theta_{\widehat{X}_i} = \cos\theta_{X_i} = \frac{-\left.\frac{\partial g}{\partial X_i}\right|_{P^*}\sigma_{X_i}}{\left[\sum_{i=1}^{M}\left(\left.\frac{\partial g}{\partial X_i}\right|_{P^*}\sigma_{X_i}\right)^2\right]^{\frac{1}{2}}} \tag{6.47}$$

式中,$\left.\dfrac{\partial g}{\partial X_i}\right|_{P^*}$——函数 $g(X)$ 对 X_i 的偏导数在 P^* 点赋值。

验算点 P^* 在原坐标系中的坐标为

$$X_i^* = m_{X_i} + \beta\sigma_{X_i}\cos\theta_{X_i} \quad (i=1,\ 2,\ \cdots,\ n) \tag{6.48}$$

式中,m_{X_i},σ_{X_i}——变量 X_i 的平均值和标准差。

此外,验算点在极限状态曲面上,即

$$Z = g(X_1^*,\ X_2^*,\ \cdots,\ X_n^*) = 0 \tag{6.49}$$

因此,由式(6.47)、式(6.48)和式(6.49)联立可求解 β 及 X_i^*($i=1$,2,$\cdots$,n)。一般采用迭代法求解。

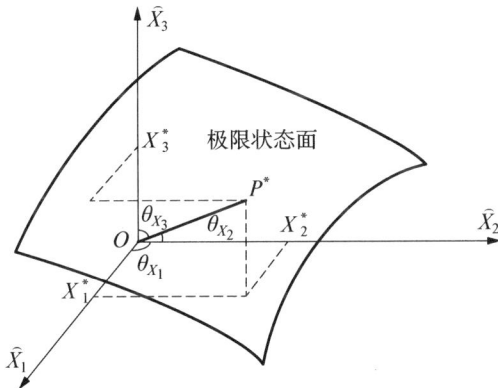

图 6.6　设计验算点与可靠指标

由上述分析可知,此处定义的可靠指标 β 只与极限状态曲面(失效边界面)有关,而与极限状态函数的表达形式无关。因此对某一失效模式,所有等效的极限状态方程式产生同一个失效边界面,故此处得到的可靠指标是极限状态函数的不变量,对线性极限状态方程式(失效边界面是一个超平面),可证明此处定义的可靠指

标 β 与按式(6.40)定义的可靠指标 β 是一致的。

因此,如果将功能函数在设计验算点 X^* 处线性近似,即

$$Z = g(X) \approx g(X^*) + \sum_{i=1}^{n} \frac{\partial g}{\partial X_i} \Big|_{X^*} (X_i - X_i^*) \qquad (6.50)$$

这相当于用设计验算点处非线性失效边界面的切平面近似地代替非线性失效边界面。于是可得

$$\left. \begin{array}{l} m_Z \approx \sum_{i=1}^{n} \dfrac{\partial g}{\partial X_i} \Big|_{X^*} (m_{X_i} - X_i^*) \\[3mm] \sigma_Z \approx \left[\sum \left(\dfrac{\partial g}{\partial X_i} \Big|_{X^*} \sigma_{x_i} \right)^2 \right]^{\frac{1}{2}} \\[3mm] \beta = \dfrac{m_Z}{\sigma_Z} \end{array} \right\} \qquad (6.51)$$

即两种方法所定义的 β 是一致的。

在 n 维情况下,基本变量 $X_i (i = 1, 2, \cdots, n)$ 是正态分布的, β 和失效概率 P_f 之间的重要关系式(6.44)仍然成立,即

$$P_f = \Phi(-\beta) \Leftrightarrow \beta = -\Phi^{-1}(P_f) \qquad (6.52)$$

(2) R-F 法。

对于非正态分布变量,可利用 R-F 法(由 Rackwitz-Fiessler 提出,国际结构安全度联合委员会采用的方法,故也称 JC 法)将非正态分布"当量正态化"。"当量正态化"的条件是:①在设计验算点 x_i^* 处,当量正态变量 $\widehat{X}_i$ 的分布函数值与原变量 X_i 的分布函数值相等。②在设计验算点 x_i^* 处,当量正态变量概率密度函数值与原变量概率密度函数值相等。

由条件①得

$$F_{X_i}(x_i^*) = F_{\widehat{X}_i}(x_i^*) = \Phi\left(\frac{x_i^* - m_{\widehat{x}_i}}{\sigma_{\widehat{x}_i}} \right) \qquad (6.53)$$

从而求得当量正态分布的均值 $m_{\widehat{x}_i}$ 为

$$m_{\widehat{X}_i} = x_i^* - \Phi^{-1}[F_{X_i}(x_i^*)]\sigma_{\widehat{x}_i} \qquad (6.54)$$

由条件①得

$$f_{X_i}(x_i^*) = f_{\widehat{X}_i}(x_i^*) \tag{6.55}$$

由此得到当量正态分布的标准差 $\sigma_{\widehat{X}_i}$ 为

$$\sigma_{\widehat{X}_i} = \frac{\Phi\{\Phi^{-1}[F_{X_i}(x_i^*)]\}}{f_{X_i}(x_i^*)} \tag{6.56}$$

式中,$\Phi(\cdot)$——标准正态分布函数;

$\Phi^{-1}(\cdot)$——标准正态分布的反函数。

将式(6.44)、式(6.56)与式(6.47)、式(6.48)联合,通过迭代方法,便可得到设计验算点 x_i^*,$m_{\widehat{X}_i}$,$\sigma_{\widehat{X}_i}$ 及 β。于是失效概率 P_f 由式(6.52)确定。

6.3.3　水准 1 设计方法

1) 单一中心安全系数法

我们知道,传统的设计方法是

$$m_R \geqslant k_0 m_S$$

式中,$k_0 = m_R/m_S$——用平均值表达的单一安全系数。

从统计学的观点来看,k_0 只与 R 和 S 的相对位置有关,而与 R 和 S 的离散程度无关,然而,R 和 S 的离散程度对 P_f 的影响是很显著的。传统的中心安全系数 k_0 没有定量地考虑抗力和载荷效应的随机性,往往凭经验或判断决定。

如果按可靠指标 β 进行设计,则要求:

$$\beta \geqslant \beta_0$$

式中,β_0——对结构指定的可靠指标。

对正态分布,利用式(6.40)可得

$$\frac{m_R - m_S}{\sqrt{\sigma_R^2 + \sigma_S^2}} \geqslant \beta_0 \tag{6.57a}$$

或

$$\frac{\dfrac{m_R}{m_S} - 1}{\sqrt{\left(\dfrac{m_R}{m_S}\right)^2 V_R^2 + V_S^2}} \geqslant \beta_0 \tag{6.57b}$$

为此,就要求:

$$\frac{m_R}{m_S} \geqslant \frac{1 + \beta_0 \sqrt{V_R^2 + V_S^2 - \beta_0^2 V_R^2 V_S^2}}{1 - \beta_0^2 V_S^2} \tag{6.58}$$

定义

$$k_{0\beta} = \frac{1 + \beta_0 \sqrt{V_R^2 + V_S^2 - \beta_0^2 V_R^2 V_S^2}}{1 - \beta_0^2 V_S^2} \tag{6.59a}$$

$k_{0\beta}$ 称为可靠性中心安全系数。

对于对数正态分布情况,同理可求得可靠性中心安全系数:

$$k_{0\beta} = \exp\left(\beta_0 \sqrt{V_R^{-2} + V_S^{-2}}\right) \tag{6.59b}$$

此时设计表达式为

$$m_R \geqslant k_{0\beta} m_S \tag{6.60}$$

由式(6.59)可知,可靠性中心安全系数不仅与 R 和 S 的均值 m_R 和 m_S 有关,而且还与 R 和 S 的离散程度(σ_R 和 σ_S)有关。因此,$k_{0\beta}$ 与传统的中心安全系数 k_0 有明显的区别。

2) 分项安全系数法

目前,大多数国家在工程结构设计的许多领域里都采用了分项安全系数的设计表达式,它优于单一中心安全系数法,主要是:①可比较明确地区分统计不确定性和近似不确定性;②可通过独立的安全系数明确地考虑影响近似不确定性的各主要因素,以及影响失效严重程度的各主要条件。

首先,讨论如何将单一中心安全系数转化为分项安全系数。

1971 年,加拿大人林德(Lind)通过引入分离系数,将计算可靠指标中的根式分离并使其线性化,令

$$\sqrt{\sigma_R^2 + \sigma_S^2} \approx \alpha(\sigma_R + \sigma_S) \tag{6.61a}$$

或

$$\sqrt{V_R^2 + V_S^2} \approx \alpha(\sigma_R + \sigma_S) \tag{6.61b}$$

林德指出,当 σ_R/σ_S 或 V_R/V_S 在[1/3, 3]之间时,可取 $\alpha \approx 0.75$。

将式(6.61a)代入式(6.57a)可得分项安全系数表达式

$$\gamma_{0R} m_R \geqslant \gamma_{0S} m_S \tag{6.62}$$

式中

$$\left.\begin{aligned}\gamma_{0R} &= (1 - \alpha\beta_0 V_R) \\ \gamma_{0S} &= (1 + \alpha\beta_0 V_S)\end{aligned}\right\} \qquad (6.63)$$

分别称为抗力平均值分项安全系数和载荷效应平均值分项安全系数。

此时,可靠性中心安全系数为

$$k_{0\beta} = \frac{\gamma_{0S}}{\gamma_{0R}} = \frac{(1 + \alpha\beta_0 V_S)}{(1 - \alpha\beta_0 V_R)} \qquad (6.64)$$

如果 R 和 S 为对数正态分布,则同理可得

$$\gamma_{0R} m_R \geqslant \gamma_{0S} m_S$$

式中

$$\left.\begin{aligned}\gamma_{0R} &= \exp(-\alpha\beta_0 V_R) \approx 1 - \alpha\beta_0 V_R \\ \gamma_{0S} &= \exp(\alpha\beta_0 V_S) \approx 1 + \alpha\beta_0 V_S\end{aligned}\right\} \qquad (6.65)$$

这里的分项安全系数隐含了可靠指标,赋予了概率的含义,所以与过去按经验取值的方法有本质的不同。另外,由于采用线性分离法,γ_{0R} 和 γ_{0S} 除了都与 β_0 有关外,只分别与各自的变异系数 V_R 和 V_S 有关,从而大大简化了分项安全系数的计算。

所谓特征值,即按某一规定的概率 P_c 的一种取值。例如,对应超越概率 5% 的载荷特征值如图 6.7(a)所示,对应不超出概率 5% 的抗力特征值如图 6.7(b)所示。

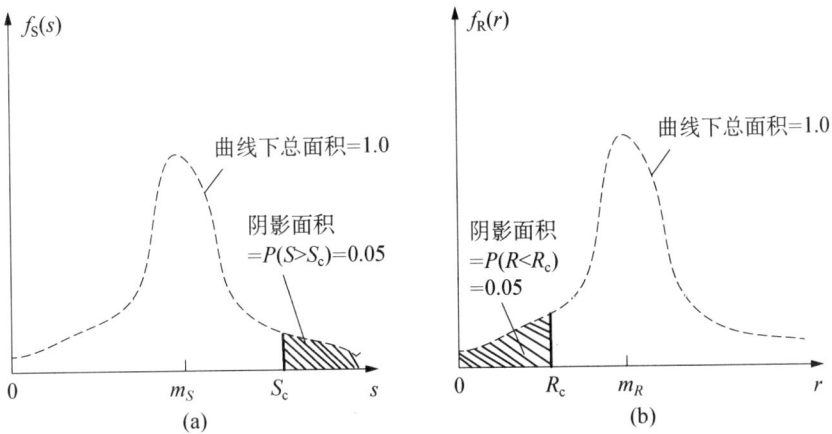

图 6.7　特征值示意

(a) 载荷　(b) 抗力(载荷极限值)

这样,如果特征值 R_c 和 S_c 都根据所要求的可靠度选取,所讨论的问题只存在这一种统计不确定性(即实际的 R 和 S 都严格符合假定的分布函数),则设计表达式可写成

$$R_c \geqslant S_c \tag{6.66}$$

即由于采用了特征值而自动计入统计失效概率,因此就没有必要再使用安全系数了。

为了说明这个问题,可以把 R 和 S 的概率密度曲线都理想化为三角形,如图 6.8 所示。设特征值 S_c 和 R_c 分别按超越和不超出概率 2% 取值。为使式 (6.66) 成立,把两个分布曲线重叠起来时,使它们的特征值相等。此时,按式 (6.30) 可得破坏概率为

$$P_f = \int_{3.2}^{4} \left[\int_{3.2}^{s} 0.25(r - 3.2)\, dr \right] [-0.25(s - 4)]\, ds$$

积分变换得

$$P_f \int_{0}^{0.8} \left[\int_{0}^{\eta} 0.25\xi\, d\xi \right] [0.2 - 0.25\eta]\, d\eta = 0.001\ 07$$

这样,如果要求的可靠度对应 0.1% 的失效概率,则原来按 2% 的特征值取值是适当的。

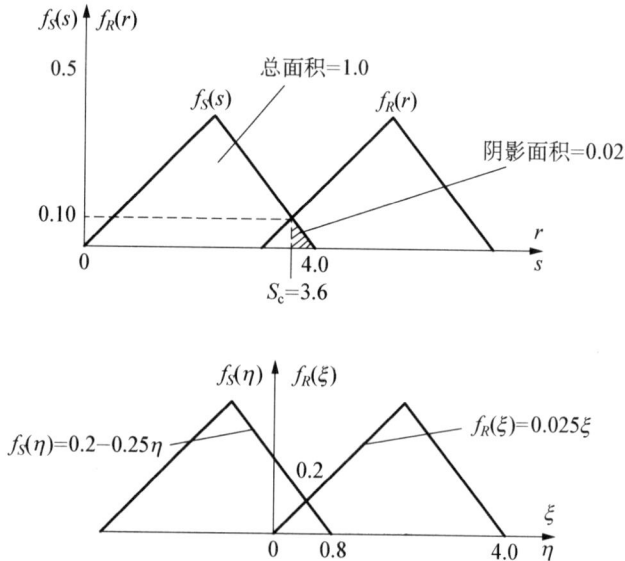

图 6.8 理想化的概率分布

但是,实际上除了上述统计不确定性外,还存在着如 6.1 节所述的其他不确定性,其中主要是计算分析中的近似不确定性。因此,为了保证必要的可靠度,在考虑了统计不确定性的特征值之外,还必须增加载荷和抗力曲线的分离程度。为此可应用安全系数 k_0,即对设计的要求为

$$R_c \geqslant k_0 S_c \tag{6.67}$$

要注意,由于在特征值 R_c 和 S_c 中已考虑了统计不确定性,所以 k_0 的值与式(6.59)中的中心安全系数相比要小得多,其大小只能靠估算,而且需要判断。

近似不确定性通常包括如下几方面:

(1) 由于未预料到的作用或条件使载荷的概率分布偏离了所假定的分布,以及由此而引起载荷效应的偏离。

(2) 在响应分析和极限状态分析中,假定的近似性及计算公式的不精确性等引起对结构抗力估计的不确定性。

(3) 由于不可预测的因素(如工艺水平低劣)从而引起抗力偏离了它的假定分布。

(4) 其他需要判断和估算的因素。

此外,由于不同的极限状态对结构的安全性和适用性影响的严重程度不同,还必须进一步增加抗力和载荷效应分布曲线的分离程度,以考虑结构失效类型对安全性和适用性影响的严重性。

这样,上述安全系数就不应该视为一个单独的量,而应当由若干分项安全系数相乘而成。通常分项安全系数的数目至少 3 个:

γ_{SC}——考虑载荷和载荷效应的近似不确定性,其中包括实际结构的载荷效应与理想化的响应分析预测值之间的偏差。

γ_R——考虑在抗力估算中的近似不确定性。

γ_S——考虑结构失效类型的严重性。

分项安全系数多则 8 个以上,视结构的类型和对分项安全系数要求达到的详细水平而定。例如,由于安全性和适用性不同,通常还引用两个独立的系数 γ_{S1} 和 γ_{S2} 分别考虑失效类型对安全性和适用性影响的严重性。

于是,式(6.67)用分项安全系数写成为

$$\frac{R_c}{\gamma_R} \geqslant \gamma_{S1} \cdot \gamma_{S2} \cdot \gamma_{S3} \cdot S_c \tag{6.68}$$

这些量之间的关系如图 6.9 所示。

上述表达式在形式上与过去所采用的表达式很相似,但实质上是不同的。过

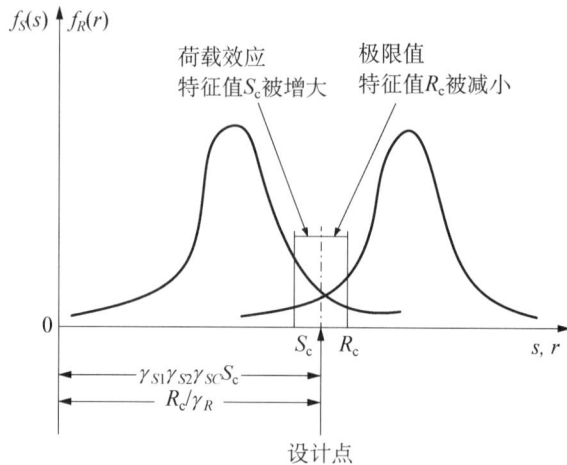

图 6.9　分项安全系数的使用

去取用的安全系数大多凭经验和判断确定,而上述各系数则根据有关基本变量的统计基本特征和满意的可靠度,以概率分析为基础经优选而定出的。因此,即使它们可能有不同程度的不确定性,也能具有一致的可靠度。

6.4　船舶总纵极限强度可靠性分析

　　船舶的总纵极限强度是其静强度的主要表现形式,也是当前船舶结构可靠性的重要内容。我国对军、民船总纵极限强度的可靠性分析已做了二十多年的研究,并已于 1999 年将其写进规范;但由于船体结构设计方法以传统和继承为特色,至今其应用尚处于探索阶段。本节着重介绍我国现行船舶总纵极限强度可靠性分析中的具体做法。

6.4.1　船舶总纵极限强度外载荷与极限弯矩统计特性

1) 船舶总纵极限强度外载荷统计参数的确定

在船舶总纵极限弯矩可靠性分析中的外载荷由静水弯矩极值线性波浪弯矩确定,有时还可能用到极值非线性波浪弯矩等内容。在船舶结构中,静水弯矩一般取定值处理,即只有均值,而无变异。

周国华以舰长为 85～126 m 的 5 条护卫舰和驱逐舰为例,计算和分析了总纵极限强度的失效概率和安全指数。对于波浪载荷,比较了指数分布和泊松分布的极值波浪弯矩,采用了全概率法、改进的一次二阶矩法和均值一次二阶矩法,求它们的失效概率。结果表明,针对泊松分布极值波浪弯矩作为"要求"时,倾向用均值一次二阶矩法,使用直接而方便,不需要进行迭代。并且对结构设计是不会有多大影响的。

当波浪极值弯矩采用泊松分布时,对每一条船均可以求出均值和标准差,其变异系数周国华认为在 0.08 左右,而且变化不大;Faulkner 和 Sadden 分析则为0.085,两者相近。但这种变异并未包括主观不确定性系数在内。在做船舶总纵极限强度的可靠性分析时,还必须给出波浪极值弯矩的主观不确定性系数。要解决波浪极值弯矩的主观不确定性系数,最好的办法是通过大量的长期试验,但这是极为困难的。要进行船舶总纵极限强度的可靠性分析,除给出均值外,还必须给出变异系数,而变异系数应综合主观不确定性系数和客观不确定性系数在内。周国华列举了多位学者的观点,均倾向于取 0.20。

2) 船舶总纵极限弯矩统计参数的确定

用于军船和民船总纵极限强度可靠性分析的极限弯矩与船体设计总纵极限弯矩校核所用的极限弯矩概念是完全不同的。前者应理解为船舶所能达到的接近真实的最大弯矩值,若超越这个值,船体将完全丧失总纵弯曲能力。这一要求就意味着,研究、设计人员必须尽力给出这个真实值。而在船舶结构设计中,也经常讲总纵极限弯矩校核,有关规范、规则甚至具体给出算法,如中垂弯矩作用下的甲板屈曲临界应力与甲板剖面模数的乘积即为中垂极限弯矩。这样的定义作为设计的相对标准,当然可以,但它不能与船舶的总体承载能力丧失的失效概率联系起来。为了船舶总纵极限强度可靠性分析的需要,必须寻找船舶总纵极限弯矩接近真实值的计算方法。

(1) 材料、构件尺寸及材料性能的统计参数。

材料性能,包括材料板厚、弹性模量、屈服极限,甚至于材料的应力-应变关系曲线,都对船舶的总纵极限弯矩,尤其是总纵屈曲极限弯矩产生影响。材料参数不完全是力学问题,它只能来源于实测,再统计分析后获得。对于我国的船舶结构,主船体板厚一般在 4~12 mm 之间,个别厚板用量极少。在已有的研究中,统计了名义屈服极限为 441.45 MPa 的 903 钢和 945 钢,共 6 401 件材料试件的实测屈服极限,虽然也有 3 mm 的薄板,还有 14~20 mm 的厚板,但数量最多的仍旧是 4~12 mm 的板材。这 6 401 件材料屈服极限的均值系数,即材料平均屈服极限与名义屈服极限之比为 1.095,而变异系数为 0.093 3。

在已有的研究中还给出了 903 钢和民用碳钢共 8 000 件板厚统计资料。其中不少是从除锈、去氧化皮流水线上测出的。10 mm 以下是 903 钢,10~30 mm 的大部分是民用碳钢。初步统计表明,3~10 mm 板厚的均值系数大于 1.01,其中

3 mm 板可达 1.025,而大于 10 mm 板的均值系数为 1.001～1.007,均属于正公差,即板厚的平均值均大于名义板厚。所以对板厚来说,取名义板厚为计算板厚是略偏安全的。板厚的标准差可分 3 段:3～10 mm 标准差为 0.05～0.03,可取0.03;11～18 mm 标准差为 0.011～0.007,可取 0.007;19～30 mm 标准差为0.006～0.003,可取 0.003。

作为材料性能的还有弹性模量。弹性模量值变化不大,而且难以统计,再加上总纵极限弯矩值只与结构达到屈曲状态时材料的非弹性模量有关,而且不同结构所处的临界应力状态不同,当然非弹性模量也不同。鉴于上述原因,材料弹性模量的统计值影响不大,其均值取名义值,它的变异不计。

综合所述,用于目前我国船舶总体结构屈曲极限强度可靠性分析的材料参数的统计特征值,建议如下:

材料名义屈服极限为 235 MPa 的均值系数为 1.21,变差(变异)系数为 0.08;

材料名义屈服极限为 294 MPa 的均值系数为 1.18,变差(变异)系数为 0.08;

材料名义屈服极限为 343 MPa 的均值系数为 1.15,变差(变异)系数为 0.08;

材料名义屈服极限为 441 MPa 的均值系数为 1.09,变差(变异)系数为 0.09。

材料板厚可取名义值,即均值系数为 1.0;板厚 10 mm 以下,变异系数取0.03;11～18 mm,变差(变异)系数取 0.007,也可取 0.0;19～30 mm 取 0.003,也可取 0.0。

另外材料弹性模量、泊松系数的均值取名义值,其变异不计。

用作结构可靠性分析的结构尺寸如 T 型材的腹板高、面板宽纵骨间距、横梁间距、舱长等都应看作随机变量,但这些参数的统计值很难获得。当工厂加工时,能控制在公差允许的范围内就可以了,因此这些参数目前只能取名义值,它们的变异不计。

(2) 船舶总纵屈曲极限弯矩统计参数的确定。

无论是中垂极限弯矩还是中拱极限弯矩都应该由受压一侧结构的屈曲承载能力确定,即强力主甲板结构的屈曲承载能力决定了船体的中垂极限弯矩,而船底结构的屈曲承载能力决定了船体的中拱极限弯矩。上述对极限弯矩的定义,其理论计算方法必须建立在材料非线性和计及纵骨间板有效板宽的基础上。欲获得结构接近实际的失效概率,必须以结构接近真实的承载能力为前提。为了更确切地表述,将该弯矩定义为船舶的终极弯矩更为贴切。

a. 屈曲极限弯矩的控制方程与理论值的算法。

由于船舶总纵极限弯矩值与临界应力的高度材料非线性有关,而且达到结构屈曲状态时失效模式又与结构设计尺寸关系极大,所以考虑多模式失效的程序是必须的,可将结构尺寸参数和板厚、材料屈服极限的均值和标准差代入屈曲极限弯矩的控制方程用 Rosenbluthe 法获得屈曲极限弯矩的均值 μ_M 和标准差 σ_M;也可采用改进 Rosenbluthe 法获得。对船舶总纵极限弯矩来说,仅考虑一阶导数的精度要较考虑二阶导数的精度更好。

b. 屈曲极限弯矩主观不确定性系数的确定。

在 a 中,用材料的统计特征值代入控制方程所获得的 μ_M 和 σ_M 属于考虑了结构的客观不确定性后的理论值,它与结构的实际能承载的屈曲极限弯矩还是有差异的,这个差异用实际试验值与理论值之比 K 描述。该比值的统计特征值就称为主观不确定性系数,通常这个系数也有均值和标准差,一般可用正态分布的假设。屈曲承载能力的主观不确定性系数要较波浪弯矩的主观不确定性系数容易解决,其关键是要有一定数量的稳定性试验数据为依据。

主观不确定性系数的统计特征值不是一成不变的,它应该随着屈曲理论的不断完善和发展而变化着。只要屈曲理论日臻完善,该系数的均值 $\mu_k \to 1$,而标准差 $\sigma_k \to 1$,当然做到这一点是困难的。另一方面 $\mu_k \to 1$,$\sigma_k \to 0$ 这个标准,也是可以用来检验结构屈曲理论是否进步的标尺。已有的研究中给出了 26 只稳定性试验,其中 13 只纵骨带板全有效,6 只需做有效带板处理,其余 7 只是因组合 T 型材的稳定性不足而导致板架丧失屈曲承载能力的。不计及 T 型材的定轴约束扭转屈曲,但考虑了材料的物理非线性,所获得的 K 值的均值 μ_k 和标准差 σ_k 为

$$\mu_k = 0.899\,3 \approx 0.9, \ \sigma_k = 0.082 \qquad (6.69)$$

这就是说,只要能保证板架结构属于弯曲屈曲失效的话,则可采用 $\mu_k = 0.9$,$\sigma_k = 0.082$,但不考虑残余应力,假如在屈曲计算方法中再计入 T 型材的定轴约束扭转屈曲和焊接残余应力,其 μ_k 还可升至 0.954 3,σ_k 降至 0.057。

本节的屈曲分析并未要求计及焊接残余应力,其主观不确定性系数可取式 (6.69) 处理。若进一步再计及焊接残余应力和 T 型材定轴约束扭转屈曲,则 μ_k 可取 0.95,而 σ_k 可取 0.058。这就是说船舶结构的屈曲极限强度只要能计及材料的物理非线性、焊接残余应力、纵骨间板的有效程度、带板扶强材的轴压弯曲屈曲、组合 T 型材(含扁钢、球缘扁钢)的定轴约束扭转屈曲以及横向支撑构件对纵向受压构件的影响的话,其理论计算的均值已能小于工程误差 0.05。当然若有孤立压杆在内时,还应考虑其弯扭耦合屈曲,并注意板构件的局部稳定性临界应力不低于板架结构的临界应力这个附加条件。

c. 总纵屈曲极限弯矩统计参数的决定。

在 a 中给出了屈曲极限弯矩的均值 μ_M 和标准差 σ_M,即屈曲极限弯矩的客观不确定性参数;b 给出了主观不确定性系数 μ_k 和 σ_k;而舰船的总纵极限弯矩的均值 μ_{M_u} 和标准差 σ_{M_u} 可依据上述两个随机变量的积加以确定:

$$\begin{cases} \mu_{M_u} = \mu_k \mu_M \\ \sigma_{M_u} = (\mu_M^2 \sigma_k^2 + \mu_k^2 \sigma_M^2 + \sigma_k^2 \sigma_M^2) \end{cases} \tag{6.70}$$

6.4.2 船体总纵极限强度安全指数与可靠性校核

1) 船体总纵极限强度的失效函数和安全指数

船体总纵极限弯矩的失效函数为

$$G = M_u - M_w - M_S \tag{6.71}$$

式中,M_u——屈曲极限弯矩;

M_w——波浪极值弯矩;

M_S——静水弯矩。

当波浪极值弯矩 M_w 用泊松分布给出极值后,考虑主、客观不确定性系数影响后的变异系数取 0.20,即标准差为 $0.2\mu_{M_w}$;舰船的总纵极限弯矩的均值和标准差由式(6.70)给出;船舶总纵极限弯矩的安全指数 β 可由均值一次二阶矩法确定:

$$\beta = \frac{\mu_{M_u} - \mu_{M_w} - M_S}{\sqrt{0.012\,1\mu_{M_u}^2 + 0.04\mu_{M_w}^2}} \tag{6.72}$$

2) 舰船总纵极限强度的目标安全指数及可靠性校核

根据 GJB/Z 119—99《水面舰艇结构设计计算方法》中的主船体总纵强度可靠性分析结论,并结合我国的实际进行全面分析后,最后定出目标安全指数为 1.68,即若按 GJB/Z 119—99 要求设计舰船,其计算的安全指数 β 只要大于 1.68 就能为 GJB/Z 119—99 的设计标准所接受,满足相应的可靠性要求。

根据上述分析可以知道,目标安全指数不是可以随便确定的,它必须在建立一套完整的计算方法之后,对一批不同类型的船舶(包括总体破坏的和不破坏的)进行全面的分析,最后获得一个合理值或一根变化的曲线确定目标安全指数。目前这项工作还远远没有完成,已有的研究都认为目标安全指数与船长有关。只要能按我们建议的方法算出的安全指数 β 大于图 6.10 的曲线 2,最好是曲线 1 的要求就算满足要求了。而曲线 3 仅供比较之用。

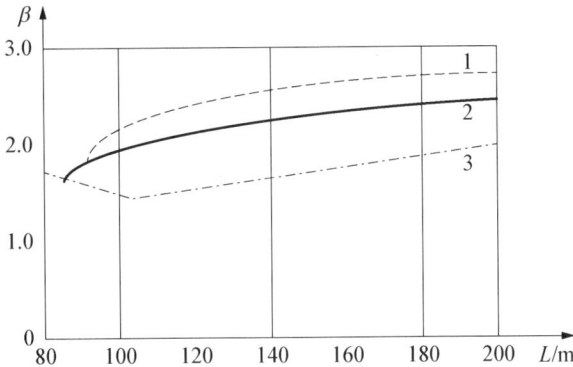

图 6.10　各种要求的安全指数与船长的关系

• •

（1）设计一个轴压圆柱壳体。已知应力变异系数 $V_S=0.03$，强度变异系数 $V_R=0.08$。应力和强度均服从正态分布，试计算结构的可靠指标。

（2）设计中的受拉杆如图题 6.1 所示。该杆有圆形截面，作用在杆上的拉力 P 为一随机变量，服从正态分布；由于制造误差，杆的直径 d 也为一随机变量；杆的材料为铝合金，抗拉强度是服从正态分布的随机变量。
设计数据如下：

$$拉力\ P=28\,000\ \text{N}, \sigma_P=4\,200\ \text{N}$$

铝合金的抗拉强度：$\mu_R=483\text{N/mm}^2$，$\sigma_R=13\ \text{N/mm}^2$，要求所设计杆的可靠度为 0.999 9，且已知杆的破坏是受拉断裂引起的。设计满足规定可靠度下的杆的直径。

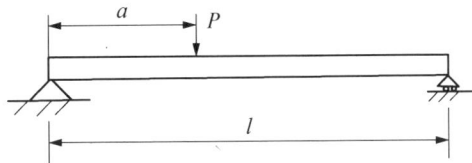

题 6.1

（3）设计中的简支梁如图题 6.1 所示。梁受到集中力 P 作用，梁自身的重量忽略不计。梁的跨度为 l，集中力作用点距固定端 A 的距离为 a。P，l 和 a 均为随机变量，假设它们均服从正态分布。试求设计简支梁的高度和宽度。

（4）已知某船载荷 $m_S = 139\,\text{N/mm}^2$，标准差 $\sigma_S = 9\,\text{N/mm}^2$；极限强度 $m_R = 574\,\text{N/mm}^2$，标准差 $\sigma_S = 172\,\text{N/mm}^2$。假设 R 和 S 均服从正态分布，试求可靠指标和失效概率。

参考文献

［1］桑国光,张圣坤.结构可靠性原理及其应用[M].上海:上海交通大学出版社,1986.

［2］郭昌捷,胡日强,胡嘉骏,等.船体梁静水载荷效应统计预报[J].中国造船,1995,130(3):71-79.

［3］Soares C G, Moan T. Statistical analysis of Stillwater load effects in ship Structures [J]. Trans. SNAME, 1988, 96:129-156.

［4］Korvin-Kroukovsky B V. Investigation of ship motions in regular waves [J]. Washington, DC, Trans. SNAME, 1955, Vol.63:396-435.

［5］Korvin-Kroukovsky B V. Investigation of ship motions in regular waves [J]. Washington, DC, Trans. SNAME, 1957, Vol.65:590-632.

［6］Ogilvie T F, Tuck E O. A rational strip theory of ship motions [J]. Dept. Nav. Arch. Mar. Eng. ,1969.

［7］Tasai F, Takagi M. Theory and calculation of ship response in regular waves. Proc, Symp. On Seaworthiness of ships [J]. Japan Society of Navel Architects，Tokyo, 1969.

［8］Salvensen N, Tuck E O, Faltinsen O. Ship motions and sea loads [J]. Trans. SNAME，1970，Vol.78:250-287.

［9］Mansour A, Thayamballi A. Probability-based ship design loads and load combinations [J]. SSC-373, Nov. 1993.

［10］崔维成,周国华.舰船结构可靠性分析研究现状及发展方向[J].舰船科学技术,1998,2:1-6.

［11］周国华,等.主船体(大型油船和集装箱船)总纵强度的结构可靠性分析[R].中国船舶科学研究中心科技报告,1995.

［12］GJB/Z 19—99.水面舰艇结构设计计算方法[S].北京:中国人民解放军总装备部,1999.

［13］崔维成,周国华,陈瑞章.大型油船和集装箱船静水弯矩统计特性的研究[J].中国造船,1995,130(3):44-53.

［14］周国华.我国现有护卫舰、驱逐舰总纵强度失效概念和安全指数[R].中国船舶科学研究中心科技报告,1989.

［15］束长庚,卢镇光.水面舰艇用钢材料屈服极限和板厚的统计分析报告[R].中国船舶科

学研究中心科技报告,1997.8.

[16] 陈铁云,王德禹,黄震球. 船舶结构终极承载能力[M]. 上海：上海交通大学出版社,2005.

[17] 束长庚,周国华. 船舶结构的屈曲强度[M]. 北京：国防工业出版社,2003.

[18] 余安东,叶润修. 建筑结构的安全性与可靠性[M]. 上海：上海科技文献出版社,1986.

[19] 束长庚. 改进的罗森布鲁斯法[R]. 中国船舶科学研究中心科技报告,1988.

[20] 束长庚. 多元非线性函数中的一阶、二阶导数的近似计算及舰船结构屈曲承载能力统计参数的确定[R]. 中国船舶科学研究中心科技报告,2000.

[21] 束长庚. 基于与试验比较的大型驱逐舰结构稳定性和总纵极限弯矩计算方法研究[R]. 中国船舶科学研究中心科技报告,2004.

[22] 束长庚,陈瑞章. 舰船结构屈曲失效分析的主、客观不确定性的确定方法[J]. 中国造船,1995,130(3):62-70.

[23] 邱强. 两个正态随机变量和差商积[R]. 中国船舶科学研究中心科技报告,1989.

[24] 卢镇光,束长庚. 舰船主船体结构设计载荷及目标安全指数[C]. 中国造船工程学会应力学组讨论会论集,1996.

第7章

通用有限元软件及其在船体结构设计中的应用

7.1 有限元分析软件介绍

7.1.1 通用有限元软件简介及其发展趋势

通用有限元软件是基于结构力学而发展起来的一种大型通用专业软件,为解决复杂的工程分析计算问题提供了有效的技术途径,近年来在土建、桥梁、机械、造船、飞机等工程领域获得了广泛的应用。在船舶结构强度分析领域常见的通用有限元软件包括 Patran, Ansys, Femap, Hypermesh 等。

MSC. Patran 是一个集成的并行框架式有限元前后处理及分析仿真系统,最早由美国国家航空航天局(NASA)倡导开发,是工业领域最著名的并行框架式有限元前后处理及分析系统,其开放式、多功能的体系结构可将工程设计、工程分析、结果评估、用户化设计和交互图形界面集于一身,构成一个完整的 CAE 集成环境。

Ansys 软件能与多数计算机辅助设计(computer aided design,CAD)软件接口,实现数据的共享和交换,是融结构、流体、电场、磁场、声场分析于一体的大型通用有限元分析软件。在核工业、铁道、石油化工、航空航天、机械制造、能源、汽车交通、国防军工、电子、土木工程、造船、生物医学、轻工、地矿、水利、日用家电等领域具有广泛应用。

Femap 软件以 Parasolid 为内核,为用户提供了从高级梁建模、中面提取、六面体网格划分,到功能卓越的 CAD 输入和简化的工具,将复杂的模型建模简单化,应用于多种工程产品系统及过程之中,如卫星、航空器、重型起重机、高真空密封器等。

Hypermesh 是一个高性能的有限元前后处理器,能让 CAE 分析工程师在高度交互及可视化的环境下进行仿真分析工作。Hypermesh 的图形用户界面易于学习,支持直接输入已有的三维 CAD 几何模型和已有的有限元模型,导入的效率和模型质量较高,可以减少重复性工作,Hypermesh 也具有较好的后处理功能,可以保证形象地表现各种各样的复杂仿真结果,如云图、曲线标和动画等。

随着计算机技术的不断进步,各种通用有限元软件都向着应用友好化、功能多样化的方向发展,具有如下发展趋势:

1) 提高与计算机辅助设计软件的结合程度

为了满足工程师快捷地解决复杂工程问题的要求,通用有限元软件与 CAD 软件集成使用,即在用 CAD 软件完成部件和零件的造型设计后,能直接将模型传送到 CAE 软件中进行有限元网格划分并进行分析计算,如果分析的结果不满足设计要求则重新进行设计和分析,直到满意为止,从而极大地提高了设计水平和效率。

2) 提升通用有限元软件的网格处理能力

结构离散后的网格质量直接影响到求解时间及求解结果的正确与否,提高网格生成的质量和效率是各个通用有限元软件的核心竞争力,如自动网格划分功能、自适应性网格划分功能。自适应网格划分功能往往是许多工程问题如裂纹扩展、薄板成形等大应变分析的必要条件,是指在现有网格基础上,根据有限元计算结果估计计算误差、重新划分网格和再计算的一个循环过程。对于一些工程实际问题,在整个求解过程中,模型的某些区域将会产生很大的应变,引起单元畸变,从而导致求解不能进行下去或求解结果不正确,因此必须进行网格自动重划分。

3) 非线性分析功能

线性理论无法模拟材料的破坏与失效、裂纹扩展等物理现象,一些工程问题如结构大位移和大应变(几何非线性)、材料的弹塑性和蠕变效应(材料非线性)、载荷的动力特性(载荷非线性)等需进行非线性分析求解。通用有限元软件致力于发展非线性分析功能,开发非线性求解器、非线性材料库,隐式和显式的求解算法等。

4) 耦合问题的求解

随着有限元的应用越来越深入,人们关注的问题越来越复杂,耦合问题的求解正成为通用有限元软件的重要发展方向,具有重要的工程实用价值,如当流体在弯管中流动时,流体压力会使弯管产生变形,而管的变形又反过来影响到流体的流动,这就需要对结构应力分析与流场分析的有限元分析结果交义迭代求解,获得"流-固耦合"条件下的液体流场分布和结构应力响应。

5) 程序的开放性和友好性

虽然通用有限元的功能日趋丰富和完善,但实际问题往往千差万别,软件的开放性和友好性具有重要的意义。各通用有限元软件致力于为用户提供一个二次开发的程序环境,允许用户根据自己的实际情况对软件功能进行扩充,包括用户自定义单元特性、用户自定义材料本构(结构本构、热本构、流体本构)、用户自定义边界条件、用户自定义结构断裂判据和裂纹扩展规律、用户自开发的计算功能和处理模块等。

7.1.2 MSC. Patran/Nastran 软件特点

MSC. Patran/Nastran 在船舶结构分析领域应用较为广泛,具有如下特点:

1) 软件界面的使用

MSC. Patran 采用直观的鼠标驱动菜单和可用于输入命令的表格系统,友好的用户界面条理清晰,整个界面系统始终给人一种直观的感觉——弹出或下拉式菜单与表格、滑动条、图形图标、按钮、"单击和拖动"和多功能屏幕拾取选择等。

2) CAD 几何模型的直接访问

MSC. Patran 的有限元分析模型可从 CAD 几何模型上快速地直接生成,可使用户迅速获知几何模型的改变,并能重新观察新的几何模型确保分析的精度,提高设计与分析之间的相关性。

3) 分析功能的集成

MSC. Patran 提供了按"事件分类"的分析解算器选择功能,用户可根据不同分析解算器设置不同的工作环境,可满足用户对使用效率和集成的需求,当一个模型要进行不同的求解分析时,无须针对不同的分析解算器进行重复建模。

4) 有限元建模

MSC. Patran 提供了可满足各种分析精度要求的复杂有限元的建模功能,为用户根据不同的几何模型提供了多种不同的生成和定义有限元模型工具,包括多种网格划分器、有限元模型的编辑处理、单元设定、任意梁截面建模等。

5) 分析条件定义

MSC. Patran 可将各种分析信息(单元、材料、载荷、边界条件等)直接加到有限元网格或 CAD 几何模型上,如果分析信息定义到 CAD 几何模型上,单元和材料特性、载荷和边界条件将与几何保持相关性,当网格改变或修改时无须重新定义。

6) 可视化后处理

MSC. Patran 提供了多种计算分析结果可视化工具,帮助工程师灵活、快速地理解结构在载荷作用下复杂的行为,如结构受力、变形、温度场、疲劳寿命、流体流动等,分析的结果同时可与其他有限元程序联合使用。

7) 高级用户化工具

Patran command language 命令语言(PCL)是 MSC. Patran 软件的一个高级、模块化结构的编程语言和用户自定义工具,可用于生成应用程序或特定的用户界

面,其提供了数万个函数,适用于该软件的二次开发,如显示自定义图形、读写
Patran 数据库、建立新的或增强功能等。

7.2　MSC.Patran 的基本操作

7.2.1　软件界面

MSC.Patran 软件分为 6 个主要区域,MSC.Patran 的软件界面如图 7.1
所示。

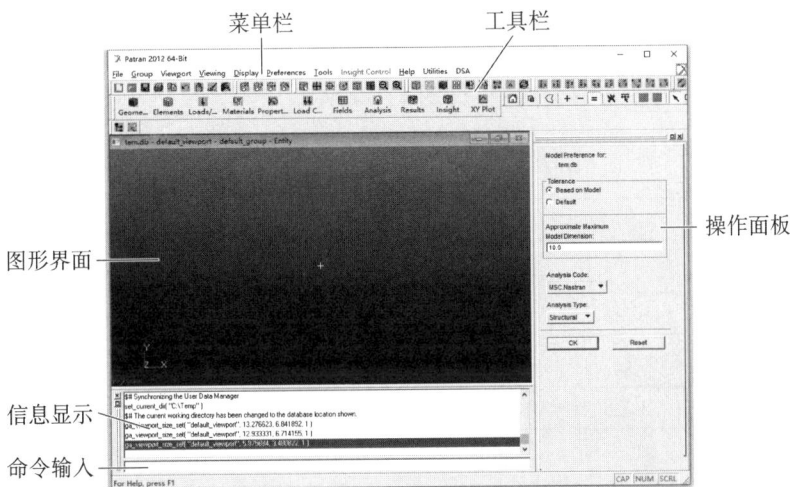

图 7.1　MSC.Patran 的软件界面

1) 菜单栏

MSC.Patran 有 9 个主菜单项,包括文件管理(file)、组(group)、视窗管理
(viewport)、视图操作(viewing)、元素显示管理(display)、环境设置(preferences)、
工具选项(tools)和在线帮助(help),涵盖了 Patran 的所有设置和管理。

2) 工具栏

MSC.Patran 的工具栏提供了软件应用过程中所需的基本工具,包括文件
工具,图形工具、功能模块、选择工具等,可以直接点击调用相应的工具。

3) 操作面板

不同软件功能所对应的操作面板是不一样的,用户在选择特定的软件功能后,
会在软件的右侧显示操作面板,并需要通过操作面板与软件实现信息交互,如填写
相应的数据、选择相关的单元等。

4）图形区

主要用来显示模型、结果等，也可以用鼠标在该区域对模型进行操作，如选定区域、移动/旋转/缩放模型等。

5）信息显示

当用户进行软件操作时，每一步软件操作的执行情况会在该区域显示出来，如操作成功、错误提示等。

6）命令输入

可以直接输入命令或导入 PCL 程序，实现对软件的特殊操作，是软件的高级功能。

7.2.2 操作流程

MSC. Patran 的一般操作流程如图 7.2 所示。

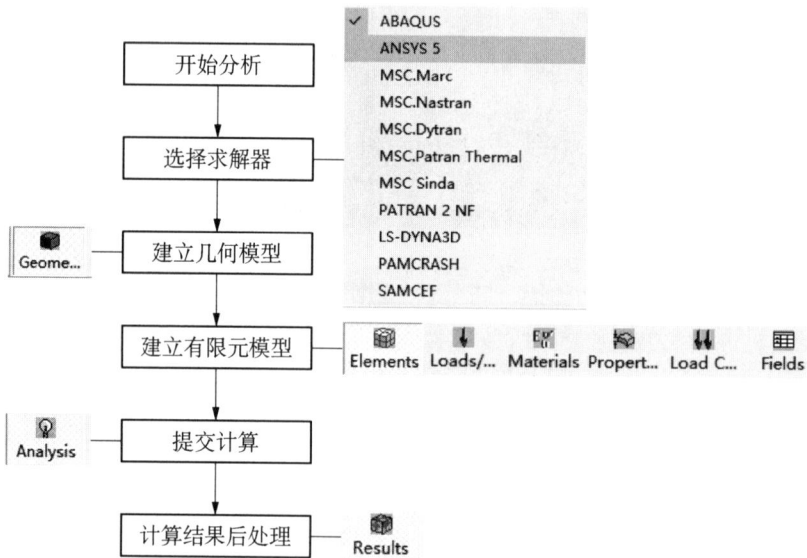

图 7.2 MSC. Patran 的一般操作流程

1）选择求解器

根据工程问题的要求和特点，选择相应的求解器。不同的求解器虽然有许多共性，如几何、有限元网格划分、模型检查等，但在材料本构、单元类型、分析过程等方面也都各有特点。

2）建立几何模型

用 MSC. Patran 建立几何模型，有助于确定位置、形状等基本模型信息，也可以从 CAD 软件中直接导入几何模型,如果分析目标简单,也可不建立几何模型而直接建立有限元模型。

几何建模过程包括创建点(point)、创建曲线(curve)、创建曲面(surface)、创建实体(solid)、建立局部坐标系(coord)、创建平面和矢量(plane & vector)。对于船体结构建模而言,通常需要建立几何点,并根据几何点的信息建立几何线和几何面,也会建立局部坐标系以避免建模和加载时的坐标转换。

3) 建立有限元模型

可以在几何模型的基础上,划分网格建立单元,也可直接建立单元,并赋予单元材料属性(材料的物理性质)、尺寸属性(如板厚、梁的截面特性)等,并施加载荷、约束边界条件、建立计算工况。

MSC. Patran 将网格划分和单元的属性分开来处理,这样可以使软件具有更强的适用性,简化复杂问题的解决,软件开发了较为丰富的单元类型库,从 0D 单元到 3D 单元,有较强的适应能力,能满足复杂工程分析的需要。通过“Mesh Seed”、硬几何等方法,软件可以准确地定位节点的位置,控制网格的密度,也可以根据需要选用不同类型的单元和不同的网格划分器,自动划分网格。对于复杂的结构,必要时可以手工建立/调整节点和单元,也可将已有单元进行移动、旋转、镜像、拉伸等,生成新的单元。网格划分完成之后,对于较为复杂的模型,一般要进行检查,以提高单元质量,消除错误。同时,也可以对模型进行优化,提高计算效率。

有限元模型除了表征有限元单元的拓扑,还需要说明单元的具体物理属性,如对于有一段线段表示的网格,可以是梁,也可以是杆,而梁和杆在物理上是完全不同的,定义单元的物理特性,就是将单元的拓扑与单元的物理属性结合起来,生成具体可用的有限元单元。

场是描述和求解复杂问题的实用工具,对于单元网格的划分、复杂边界条件的定义、复杂材料的定义、复杂单元特性的描述等都有重要的意义,可以将许多复杂的工作简化。

在有限元模型的载荷和边界条件的定义中,载荷包括集中力、面压力、线压力、分布力、固定约束、滑动约束等,还包括应用于动力学问题的初始位移、初始速度、加速度、惯性力等,以及与材料性能有关的温度等,能较好地模拟实际结构的受力和边界。

在每一次的分析运算中,都要涉及工况的问题,工况是将一系列载荷、约束进行不同组合的工具,对于多种载荷情况的结构和动态问题分析尤为重要。

4) 提交计算

提交计算是将已经创建的有限元模型进行分析计算的过程,主要涉及分析参数的设定。对于解算器 MSC. Nastran 的结构分析,有静态问题和动态问题的参数设置,一般情况下,可使用系统提供的缺省设置。当计算完成之后,再将计算结果读回 MSC. Patran 中来,以备后处理使用。

5) 计算结果后处理

在后处理阶段,读入分析结果输出文件,通过后处理工具以图形、动画和曲线等多种形式显示如应力、应变分布、变形情况、变形过程、温度场分布等计算结果。分析结果存在多种处理方法,包括图形显示和文字报告。图形显示分为云纹图、图形符号图、动画图形、平面曲线图、动画显示等。用户可通过多种方式细致地控制输出量和输出格式,包括图形的显示颜色、数字的有效位数、在报告中输出哪些量以及各量的排列顺序等。

7.3　MSC. Patran 在船体结构设计中的应用

7.3.1　船体结构应力分析

MSC. Patran 在船体结构应力分析中应用广泛,可用于船体局部结构应力分析、舱段有限元结构分析、整船有限元结构分析等方面,软件在该分析过程中的具体使用方法和过程如图 7.3 所示。

1) 建立模型文件

对于船体结构应力分析,新建船体结构的模型文件,求解器选择 MCS. Nastran,并建议在建模过程中经常存储备份文件,防止由于误操作导致模型出错的情况。

2) 创建分组

船体结构模型通常是复杂的三维板梁模型,在建模初期即需要进行适当的分组策划,以便建模过程中随时显示/隐藏相关的结构,通常建议的分组包括甲板、舷侧、内底、外底、纵舱壁、横舱壁等。

3) 建立几何模型

船体结构建模一般由横剖面开始,建立与横剖面相对应的几何模型,包括定位点、边界线、几何面等,必要时还需要建立相关的局部坐标系,以方便模型操作和载荷施加。在船体结构分析过程中,几何模型仅起到辅助作用,一般不建议建立船体结构的复杂三维几何模型。

4) 划分有限元网格

按船舶规范的网格划分要求,划分有限元网格。在划分过程中,需要仔细检查

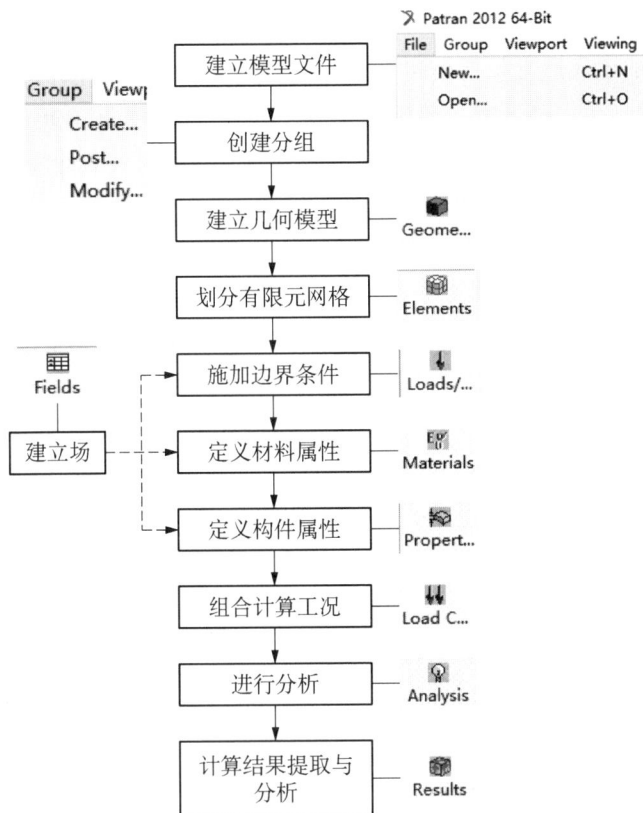

图 7.3　船体结构分析的软件使用方法

节点和单元,防止出现节点不对应、节点重复、多余节点、单元重复等建模问题,导致模型无法计算或计算结果错误。

5) 施加边界条件

对于不同的模型(局部模型、舱段模型、整船模型),约束边界条件有所差别,需按照船舶规范建立相匹配的边界约束条件。通常情况下,设置约束条件需要考虑到模型的对称/非对称、未建模结构的支撑、结构承载平衡等因素。

对于液体压力载荷,一般需要通过建立场函数施加压力载荷;对于集中力,可以直接施加力载荷;对于船体梁弯矩,一般需要建立 MPC 单元,施加到模型的端面上。

6) 定义材料属性

船体结构通常采用船用钢,一般定义为各向同性材料,输入弹性模量、泊松比和材料密度即可。如采用复合材料,需对材料属性进行专门定义,如分层方式、各层属性等。

7）定义构件属性

船体结构的单元通常包括板和梁：板采用板单元（shell）模拟，需要输入板厚信息，且考虑船舶规范中要求的是建造厚度或是净厚度；由于杆单元（rod）不承受弯矩，船体结构的梁通常建议采用梁单元（beam）模拟，需输入截面形状、梁的方向、偏心信息等。

8）组合计算工况

船体结构应力分析一般需考虑多种不同的计算工况，按照船舶规范中计算工况的要求，选择每个工况下所对应的约束和载荷，并按照一定的组合系数建立计算工况。

9）进行分析

一般按照软件默认即可，考虑到可能需要多次计算，结果文件类型一般选择"op2"或"xdb"格式。

10）计算结果提取与分析

通常提取平均计算应力，进行强度分析，平均应力的读取方法如图7.4所示。

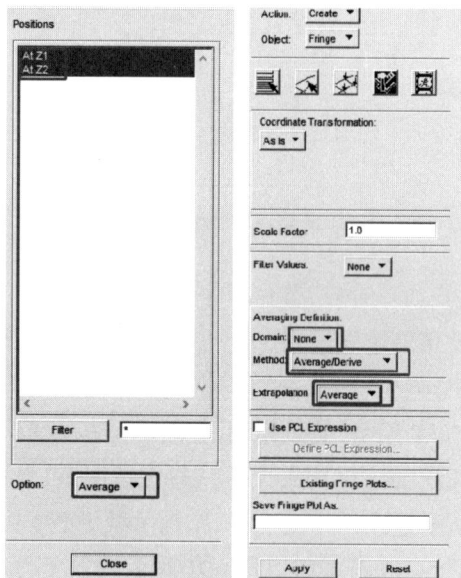

图7.4　平均应力的读取方法

7.3.2　船体振动模态分析

MSC.Patran在船体振动模态分析中较为常用，通过分析船体结构的振动模态，以避免发生共振、引起结构失效，软件在该分析过程中的具体使用方法和过程如图 7.5 所示。

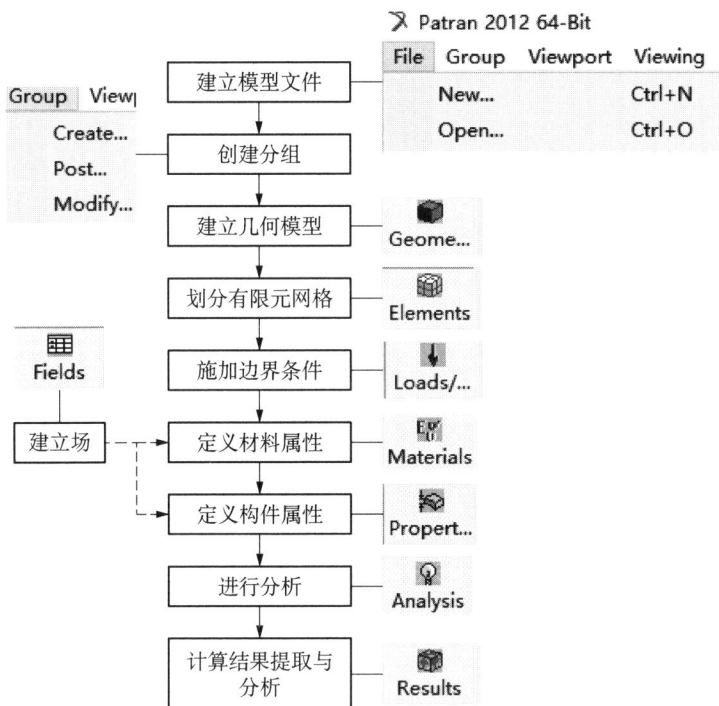

图 7.5 船体振动模态分析的软件使用方法

船体振动模态分析的软件使用方法与结构应力分析的方法基本相同,主要差别如下:

1) 施加边界条件

在模型施加边界条件时,只施加约束边界条件,不施加载荷边界条件。由于不考虑载荷,通常也不需要考虑计算工况组合的情形。

2) 进行分析

在提交计算时,计算类别需要选择模态分析,如图 7.6 所示。

3) 计算结果提取与分析

提取船体结构的模态进行分析,避免船舶的主要振动模态与系统设备发生共振。

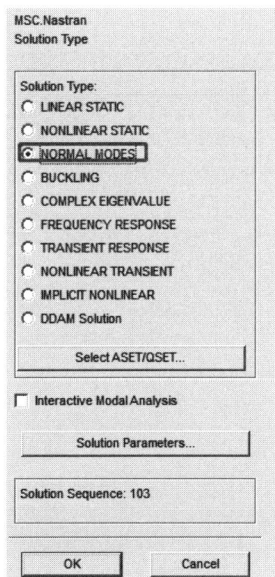

图 7.6 计算类型选择

7.3.3　船舶温度场分析

MSC. Patran 在船舶温度场分析中也有应用,主要用于运输高/低温货物的船舶,如高温的沥青运输船、低温的液化气运输船等,软件在该分析过程中的具体使用方法和过程如图 7.7 所示。

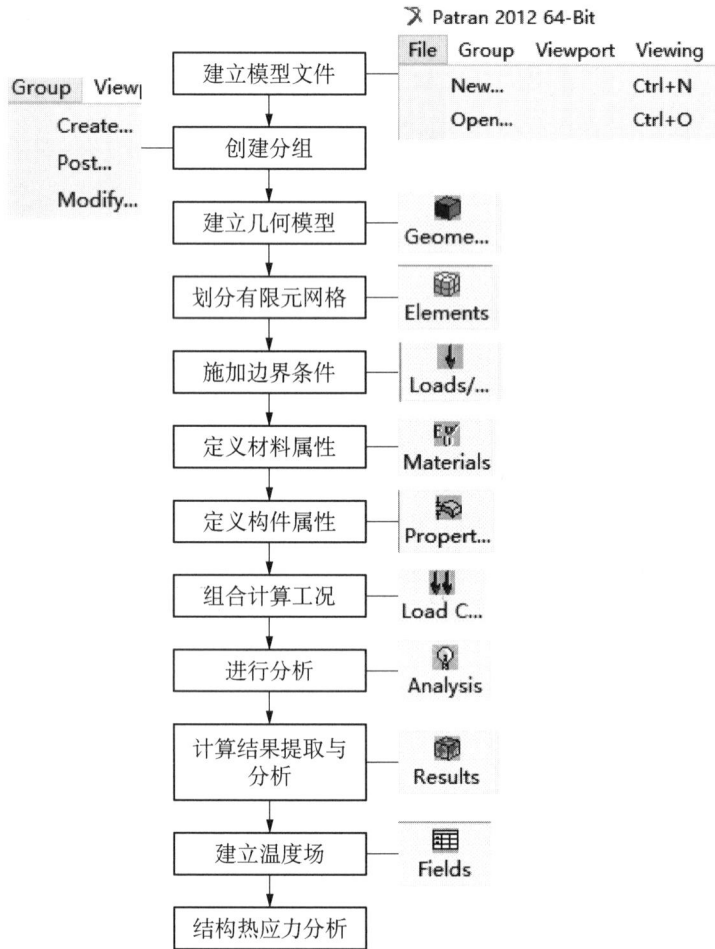

图 7.7　船舶温度场分析的软件使用方法

船舶温度场分析的软件使用方法与结构应力分析的主要差别如下:

1) 划分有限元网格

船舶中存在大量具有一定厚度的绝热保温层,该层需要采用体单元模拟热传递过程中热传导的作用。体单元与板单元可以直接通过节点连接,不同角度的体单元连接时需要协调好相交的节点,以确保热传导的连续。

2) 施加边界条件

热分析过程中,主要的热边界条件为热对流和热辐射,根据船舶热系统的具体形式,如内部空腔、外界空气和水、压载舱、燃油舱等具体的热传递形式,确立相应的热边界条件,包括温度、热传导系数、热对流系数等。

3) 定义材料属性

材料属性方面需要增加定义热传导系数。

4) 建立温度场

在温度场分析结果的基础上,在模型中建立温度场函数,记录每个单元/节点的温度信息,为后续的热应力分析提供温度边界条件。

5) 结构热应力分析

在模型中增加建立温度边界条件,选择所有的单元,温度定义选择温度场函数,则可开展船体结构热应力分析,获得温度载荷作用下船体结构的变形和应力情况。

7.4　工程应用案例

7.4.1　舱段有限元结构强度计算

1) 规范要求

按照目标船适用的规范,分析目标船是否需要进行舱段有限元分析。以某条散货船为例,CCS《钢质海船入级规范》(2018 版)中要求当散货船的船长为 150 m 及以上时,其货舱区域主要构件(纵向、横向)应按规范条款进行直接计算。

2) 有限元建模

将目标散货船建立 $1/2+1+1/2$ 的舱段有限元强度进行分析,建模范围如图 7.8 所示。

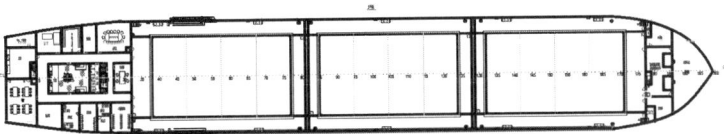

图 7.8　舱段有限元的建模范围

纵向:FR55~FR155;

横向:全宽;

垂向:基线～主甲板。

使用 MSC. Patran 建立有限元模型(见图 7.9),其 x 轴沿船体纵向指向船首,y 轴沿船宽指向左舷侧,z 轴从基线向甲板垂直向上,模型采用板单元和梁单元模拟。

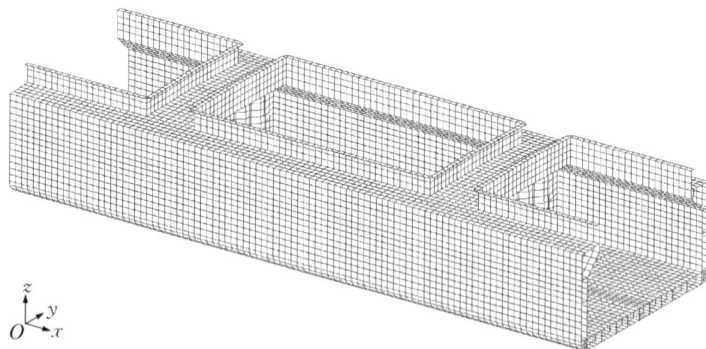

图 7.9　有限元舱段模型

3) 单位及材料属性

计算所采取的单位及材料属性如表 7.1 所示。

表 7.1　有限元模型的单位和材料属性

模型单位和属性		定义
单位制	长度	mm
	质量	t
	力	N
	压强	N/mm²
	应力	MPa
材料属性	弹性模量	206 000 N/mm²
	泊松比	0.3
	密度	7.83×10^{-9} t/mm³

4) 边界条件

(1) 局部载荷边界条件如图 7.10 所示。

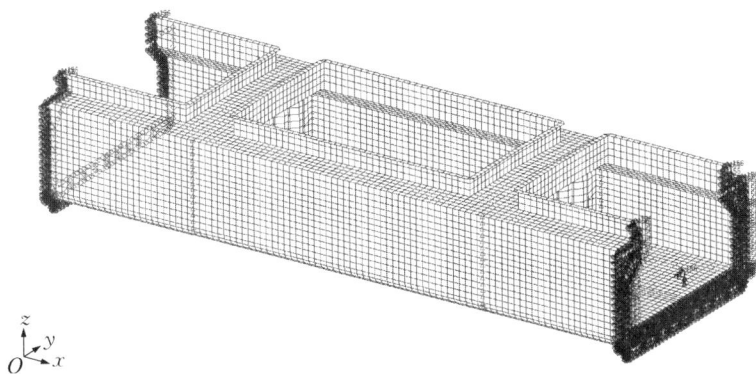

图 7.10　局部载荷边界条件

（2）总体载荷边界条件如图 7.11 所示。

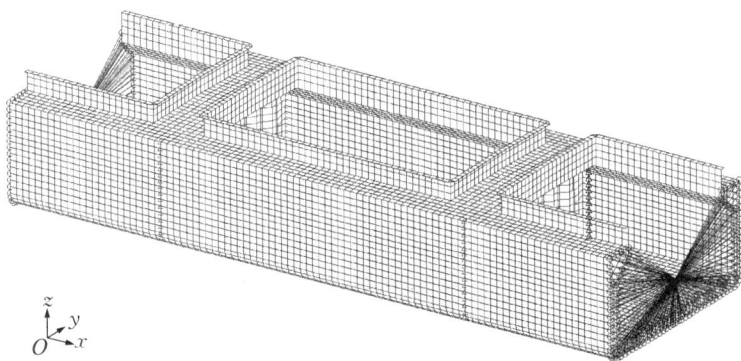

图 7.11　总体载荷边界条件

5）计算载荷

（1）计算目标船的船体梁弯矩,包括静水弯矩和波浪弯矩,通过 MPC 施加在模型端部。

静水弯矩: $M_{\text{s-hogging}} = 185\,680\text{kN} \cdot \text{m}$, $M_{\text{s-sagging}} = -99\,205.4\text{kN} \cdot \text{m}$

波浪弯矩: $M_{\text{w-hogging}} = 511\,085\text{kN} \cdot \text{m}$, $M_{\text{w-sagging}} = -551\,064\text{kN} \cdot \text{m}$

（2）计算模型上施加的局部载荷包括海水压力、货物压力、压载水压力、甲板上浪载荷等。各种载荷和压力如图 7.12～图 7.16 所示。

6）计算工况

根据目标船的装载特点,本计算主要考虑满载和压载两种计算工况。选择的计算工况如图 7.17 所示。

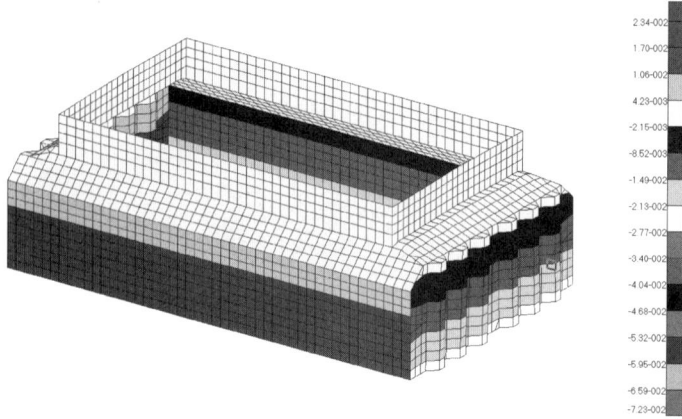

图 7.12　货物载荷(均匀满载)

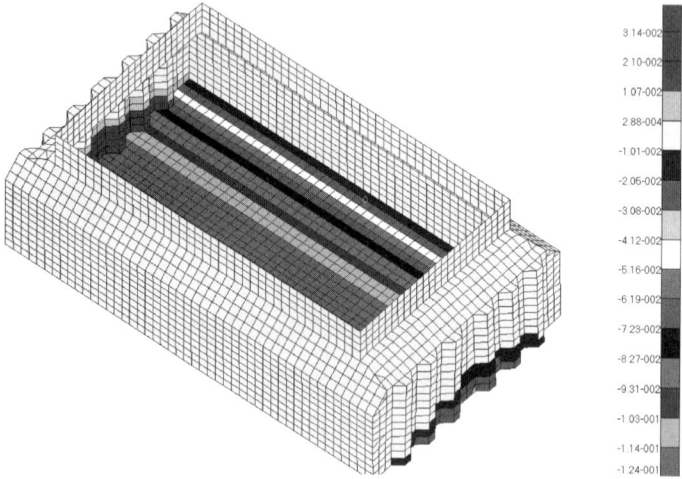

图 7.13　货物载荷(部分装载)

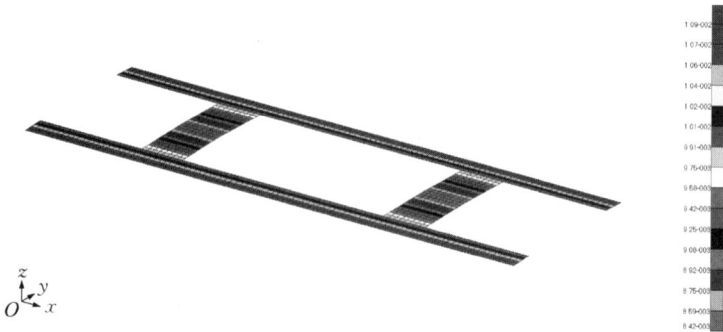

图 7.14　甲板载荷

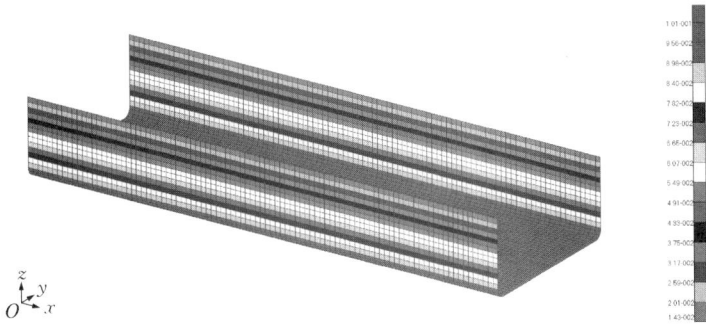

图 7.15　海水压力

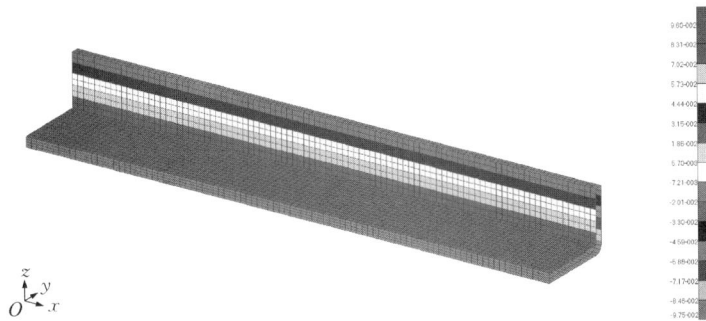

图 7.16　压载水压力

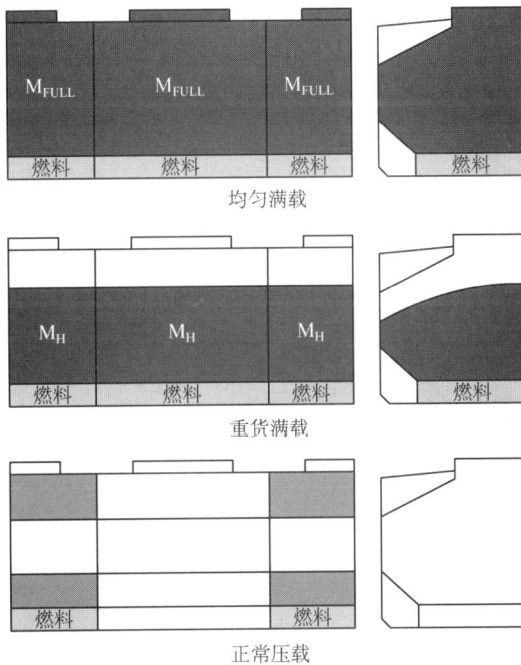

均匀满载

重货满载

正常压载

图 7.17　选择的计算工况

7）屈服强度校核

屈服强度校核如表 7.2 所示，各类计算的应力云图如图 7.18～图 7.24 所示。

表 7.2　屈服强度校核

结构分类	计算应力/MPa		许用应力/MPa		校核结果
	σ_e	τ	$[\sigma_e]$	$[\tau]$	
甲板	230	/	333	N/A	满足要求
内底	144	/	220	N/A	满足要求
外底	208	/	220	N/A	满足要求
外壳	190	99.8	220	115	满足要求
内壳	197	104.0	220	115	满足要求
实肋板	98	53.3	175	95	满足要求
槽形舱壁	132	77.7	175	95	满足要求

图 7.18　甲板的最大计算相当应力云图

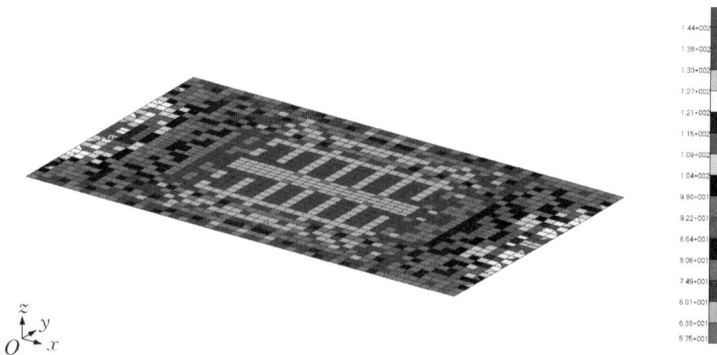

图 7.19　内底的最大计算相当应力云图

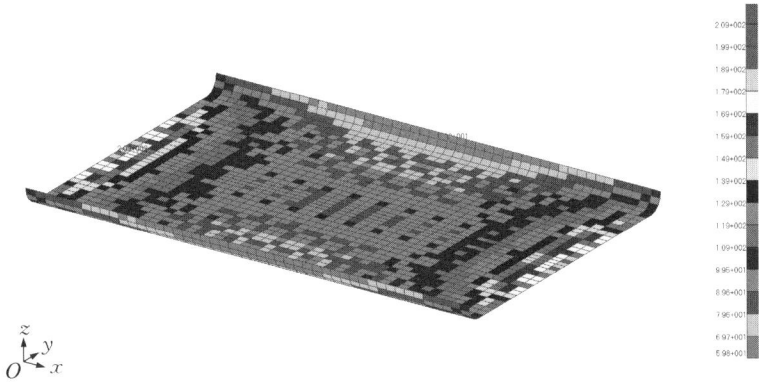

图 7.20　外底的最大计算相当应力云图

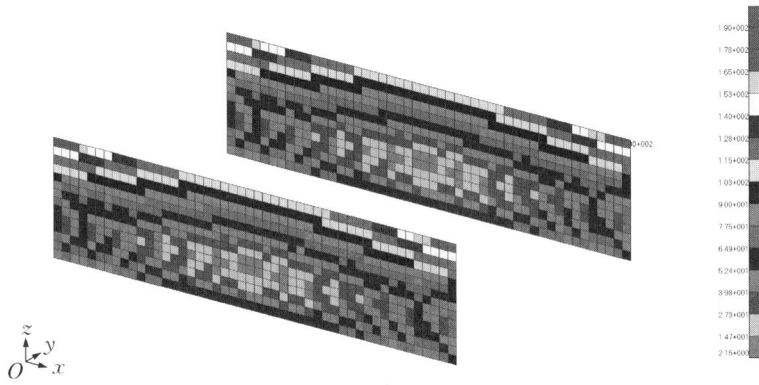

图 7.21　外壳的最大计算相当应力云图

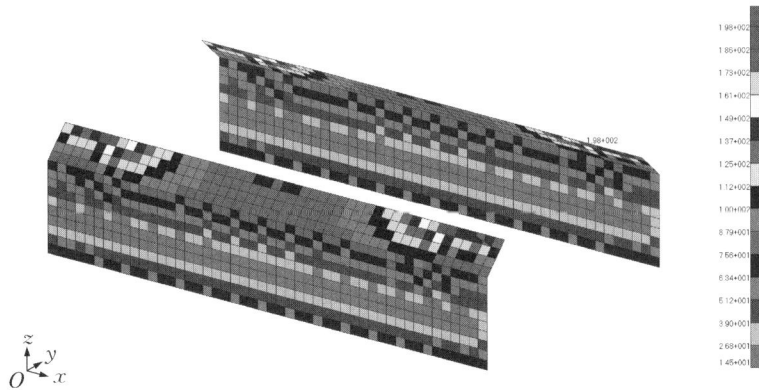

图 7.22　内壳的最大计算相当应力云图

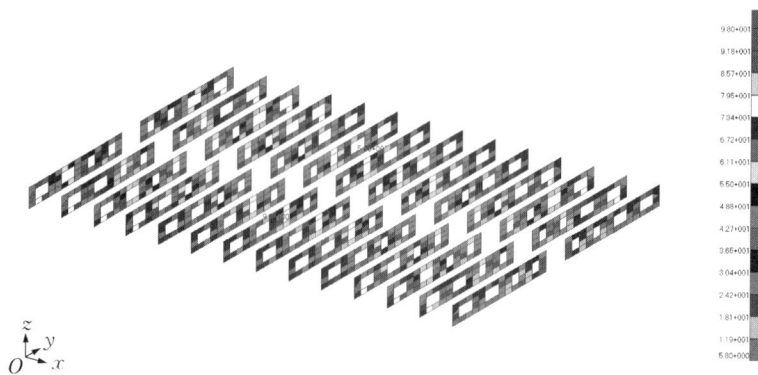

图 7.23 实肋板的最大计算相当应力云图

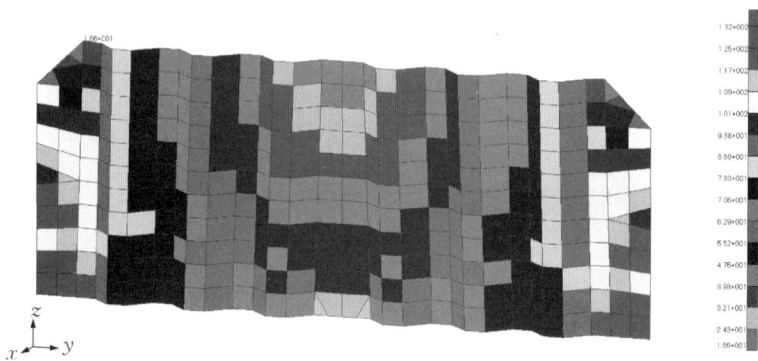

图 7.24 槽形舱壁的最大计算相当应力云图

8) 屈曲强度校核

屈曲强度校核如表 7.3 所示。

表 7.3 屈曲强度校核

结构分类	计算最小屈曲因子	许用最小屈曲因子	校核结果
甲板	1.134	0.8	满足要求
内底	1.226	0.8	满足要求
外底	0.818	0.8	满足要求
外壳	1.539	0.8	满足要求
内壳	1.117	0.8	满足要求

9）结论

由计算校核结果可知,目标船的屈服强度和屈曲强度满足规范要求。

7.4.2　独立液货舱支撑结构温度场分析

1）规范要求

根据 CCS 船级社《钢质海船入级规范》(2018)第 2 篇第 2 章第 24 节中对船液货舱结构温度场及其热应力分析的要求,对独立液货舱支撑结构进行温度场计算。

2）有限元建模

建立首部局部模型,建模范围包括下列几方面,有限元模型如图 7.25 所示。

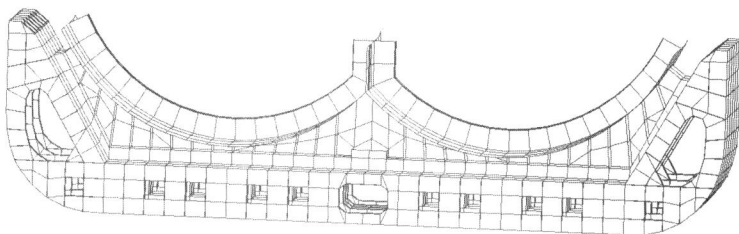

图 7.25　有限元模型

纵向:2 倍强框间距;

横向:全宽;

垂向:基线~独立液罐。

使用 MSC. Patran 建立有限元模型,其 x 轴沿船体纵向指向船首,y 轴沿船宽指向左舷侧,z 轴从基线向甲板垂直向上,船体和主要支撑结构采用板单元和梁单元模拟,垫木结构采用体单元模拟。

3）边界条件

本计算中主要考虑 4 种类型的边界条件:双耳罐模型的所有节点温度设为液货的温度;船体外板受到海水的对流换热;船体内部结构受到空气的对流换热;支撑结构受到空气的对流换热。内部传导换热由程序自动实现,无须另行增加边界条件。

4）温度场分析结果

进行热力学分析,计算支撑结构的温度场分布。各类温度场分布云图如图 7.26~图 7.29 所示。

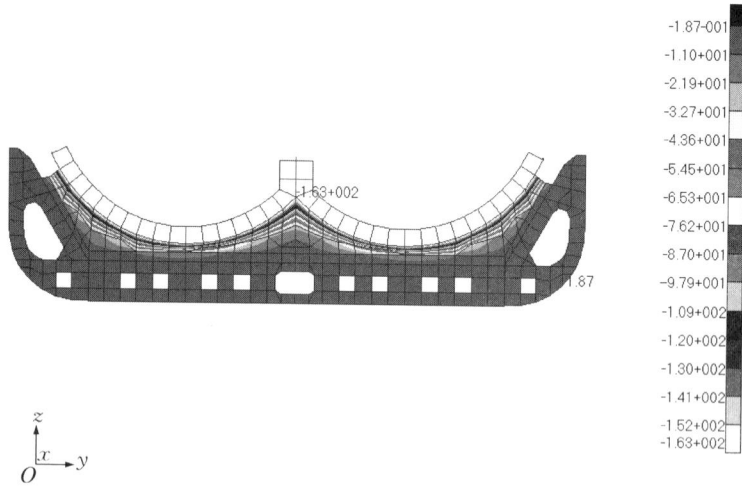

图 7.26　整个模型的温度场分布云图

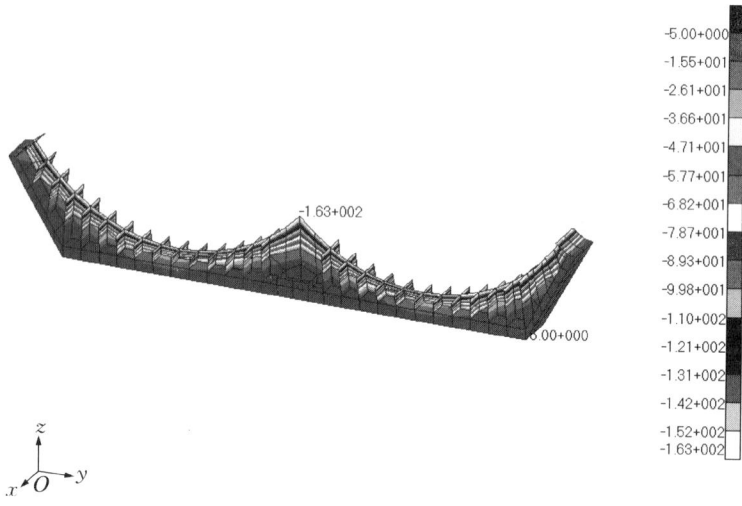

图 7.27　支撑结构温度场分布云图

图 7.28　垫木温度场分布云图

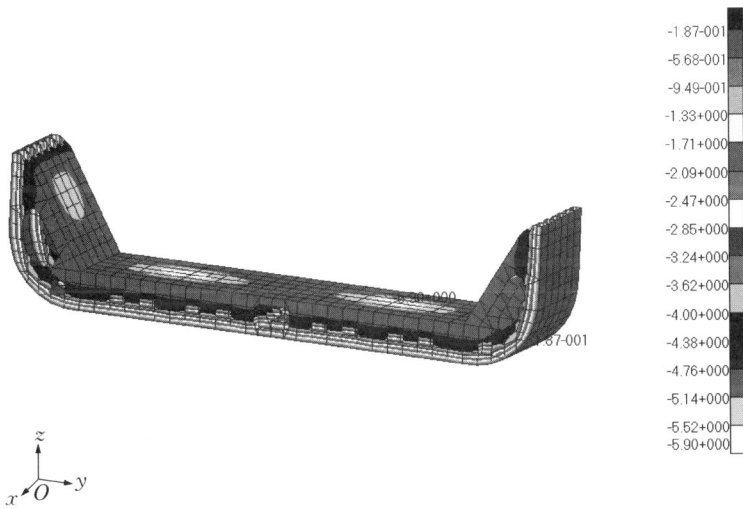

图 7.29　船体结构温度场分布云图

5）结论

支撑结构的温度场分布与其设计形式有重要关系,可根据温度场分析结果选择结构材料,分析日蒸发率,计算结构热应力。

习　题

（1）常用的通用有限元软件有哪些?

（2）MSC. Patran 软件的一般操作流程包括哪些?

（3）MSC. Patran 软件用于船体结构应力分析、模态分析和温度场分析时,有哪些主要差别?

参考文献

［1］熊志鑫.船体结构有限元建模与分析［M］.上海:上海交通大学出版社,1995.

［2］中国船级社.钢质海船入级规范［M］.北京:人民交通出版社,2015.